KB189766

자발적 공부법 코칭 전략

25년 대치동 교육 전문가에게 배우는 자기주도 학습의 모든 것

자발적 공부법
코칭 전략

김소연 지음

프롬북스
frombooks

차례

1장 열심히 해도
왜 성적이 오르지 않을까?

2장 혼자 공부하기 어려워하는 이유

3장 성공적인 공부법을 위해 워밍업 먼저 하라

4장 스스로 공부하는 아이가 지키는 7가지 핵심 원칙

5장 지금 당장 시작하는 자기주도 학습 실천법

6장 한 단계 더 성장하는 자발적 공부 마인드셋

7장 스스로 공부하는 아이가 미래를 만든다

머리말

세상에는 다양한 공부법이 있습니다. 효율적인 암기 비법, 집중력을 높이는 방법, 시간 관리 노하우까지. 서점에 가 보면 '이 방법만 따르면 성적이 오른다'는 책들이 가득합니다. 인터넷에는 '공부 잘하는 학생들의 비결'이 넘쳐납니다.

하지만 아무리 좋은 공부법이라도 학생에게 맞지 않으면 소용이 없습니다. 학생마다 성향, 학습 스타일, 흥미, 감정, 생각의 흐름이 모두 다릅니다. 저는 학습 코칭을 하면서 수많은 학생들을 만나며 깨달았습니다. 공부에는 '정답'이 없고, 학생마다 '각자의 답'이 있다는 것을요.

부모님들이 묻습니다. "어떻게 해야 우리 아이도 스스로 공부할 수 있을까요?" "공부 좀 하라고 말하지 않고도 성적을 올릴 수 있을까요?" 저 역시 두 아이의 엄마로서, 그리고 25년간 학생들과 함께 고민해온 학습 코치로서 이 질문에 대해 깊이 생각해왔습니다.

학생들은 누구나 스스로 배우고 싶은 마음을 가지고 있습니다. 하지만 때로는 어디서부터 시작해야 할지 몰라 갈팡질팡하며 학습의 동기를 잃기도 합니다. 또한 자신에게 맞지 않는 공부법에 좌절하며 공부에 대한 부정적인 감정을 갖게 되기도 합니다.

"자발적 공부"는 학생이 스스로 공부의 이유를 찾고, 스스로 계획하고, 스스로 실천하는 과정입니다. 부모가 "공부해라"라고 다그치지 않아도 학생 스스로 공부에 몰입하게 만드는 힘이 바로 자발성입니다.

이 책은 그 자발성을 키우는 코칭 전략을 담았습니다. 학생마다 다른 성향, 다른 관심사, 다른 학습 스타일을 이해하고 학생 스스로 자신의 길을 찾을 수 있도록 도와주는 방법을 안내합니다. 그동안 제가 학생들과 함께하며 깨달은 것, 그리고 두 아이의 엄마로서 경험한 현실적인 조언을 담았습니다.

"자발적 공부"는 단순히 성적을 올리기 위한 수단이 아닙니다. 학생 스스로 문제를 해결하고, 생각하고, 배움을 즐길 수 있는 힘을 길러주는 과정입니다. 그 힘은 학생이 자신의 삶을 주도적으로 살아갈 수 있는 토대가 됩니다.

그러나 혼자서도 공부 잘하는 학생이 되기까지는 부모님의 믿음과 기다림이 필요합니다. 학생의 성향을 이해하고, 스스로 동기를 찾을 때까지 부모는 조용히 응원해주어야 합니다. 때로는 실패하고 좌절하는 과정도 필요합니다. 그럴 때 부모의 따뜻한 격려가 학생에게 다시 일어설 용기를 줍니다.

이 책이 여러분의 자녀가 스스로 공부의 즐거움을 발견하고, 자기주도적인 학생으로 성장하는 데 작은 도움이 되길 바랍니다. 또한 이 책을 통해 부모님도 학생을 바라보는 따뜻하고 넉넉한 시선을 얻으셨으면 좋겠습니다.

우리 아이들의 가능성은 무한합니다. 그 가능성을 믿고, 기다려주며, 따뜻하게 응원해주세요. 부모의 믿음이 자녀를 성장하게 합니다.

자발적 공부는 학생의 선택이지만, 그 선택을 존중하고 응원하는 것은 부모의 몫입니다. 이 책이 여러분의 여정에 작은 힘이 되기를 바라며, 지금도 학생의 꿈을 응원하는 모든 부모님께 진심 어린 응원을 보냅니다.

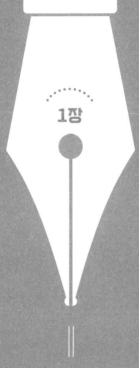

1장

열심히 해도
왜 성적이 오르지 않을까?

1 열심히 해도 성적이 안 오르는 이유

많은 학부모와 학생들이 공부에 매달립니다. 아이가 학교와 학원을 오가며 바쁜 일정을 소화하는 모습을 보면서 부모님은 한편으론 안쓰러워하면서도 다른 한편으로는 성적 향상을 기대합니다. '이 정도로 열심히 하는데 성적이 오르지 않을 리 없어.' 그러나 성적표를 받아들었을 때 예상했던 결과와 다르면 실망과 혼란이 찾아옵니다.

부모님은 고민에 빠집니다. 아이가 공부에 많은 시간을 쏟고 있는데 왜 성적이 오르지 않을까? 학원 수업을 몇 과목 더 등록하거나 새로운 학습법을 도입해보기도 하지만 큰 변화가 없을 때 답답함은 더 커져갑니다.

학생 역시 같은 고민에 빠집니다. 매일 이른 아침부터 늦은 밤까지 학교와 학원, 숙제를 병행하며 최선을 다하고 있음에도 정체된 성적에 자신감을 잃어갑니다. 주변 친구들이 성적이 오르고 칭찬받는 모습을 보면 자신이 초라해 보입니다. 그러면서 '내가 공부를 잘할 수 있을까?' '혹시 나만 잘못된 방법으로 공부하고 있는 건 아닐까?'라는 생각이 머리를 떠나지 않습니다.

─────○ 노력의 양이 아니라 방향과 질이 더 중요

문제는 노력이 부족해서가 아닙니다. 성적 향상이 이루어지지 않는 이유는 노력의 양이 아니라 노력의 방향과 질에 있습니다. 학습의 본질적 요소를 놓치거나 잘못된 방향으로 학습을 진행하면 아무리 시간을 쏟아도 성적은 쉽게 오르지 않습니다.

많은 학생들이 학습 시간을 늘리면 성적이 오를 것이라고 믿습니다. 하지만 양적 학습은 절대 성과로 이어지지 않습니다. 오히려 시간만을 강조한 학습은 학생을 쉽게 지치게 만들며, 학습 효율성을 크게 떨어뜨립니다. 특히 암기 위주의 학습은 단기적으로는 효과적일 수 있지만 장기적인 성과를 내는 데는 한계를 드러냅니다. 수학 공식을 단순히 암기하는 방식으로는 새로운 유형의 문제를 풀 때 어려움을 겪게 됩니다. 마찬가지로 영어와 국어에서도 단순히 문제 풀이에만 몰두하면 지문의 맥락을 이해하거나 응용하는 사고력을 키우기 어렵습니다.

목표가 없는 학습 역시 성적 정체를 부르는 주요 원인 중 하나입니다. '좋은 성적을 받아야 한다'라는 막연한 목표로는 학습 동기를 유지하기 어렵습니다. 구체적이고 현실적인 목표가 설정되지 않은 상태에서 이루어지는 학습은 단순히 해야 할 일을 처리하는 데 그칠 가능성이 높습니다.

목표 없이 반복되는 학습은 성취감을 느낄 기회를 줄이고 이는 점차 동기의 상실로 이어집니다. 예를 들어, '이 단원의 핵심을 이해하고 이를 문제에 적용하자'와 같은 구체적인 목표가 아니라 단순히 '시험 준비를 해야 한다' 같은 목표는 학생이 학습 과정을 흥미롭고 도전적인 과제가 아니라 단조로운 업무로 느끼게 만듭니다.

학원과 과외는 체계적인 학습 환경을 제공합니다. 하지만 지나치게 의존할 경우, 학생은 스스로 공부의 방향을 설정하고 문제를 해결하는 경험을 놓치게 됩니다. 예를 들어, 학원은 학생에게 정해진 커리큘럼에 따라 문제 풀이를 제공하지만 학생 스스로가 '왜 이 문제가 중요하며, 어떤 개념이 적용될까?'라는 질문을 던지도록 이끌지는 못합니다. 이러한 상황에서는 학습의 주체가 되어야 할 학생이 수동적으로 학습에 참여하게 됩니다.

이는 단기적인 성적 향상에는 도움을 줄 수 있지만 학생이 스스로 사고하고 계획하는 능력을 약화시키는 결과를 초래합니다.

───○ 성적이 오르지 않는 이유

성적을 높이기 위해서는 양적 학습에서 질적 학습으로 바꾸어야 합니다. 단순히 문제를 많이 푸는 것보다 문제의 본질과 개념을 이해하고 응용하는 방법을 익히는 것이 중요합니다. 예를 들어, 과학에서 "왜 물은 얼면 부피가 늘어날까?"라는 질문을 단순히 정답으로 외우는 데 그치지 않고, 이를 통해 물질의 상태 변화와 분자 구조를 이해하는 방식으로 접근해야 합니다. 이러한 학습은 학생이 단순히 성적을 올리는 데 그치지 않고 사고력을 키우고 다른 과목으로 확장할 수 있는 계기를 만들어줍니다.

부모님은 아이가 학습의 본질을 이해하고 주체적으로 공부할 수 있는 환경을 만들어줘야 합니다. 단순히 성적이 낮다고 꾸짖거나 학습 시간을 강요하는 것은 아이의 자존감을 낮추고 학습에 대한 흥미를 잃게 만듭니다. 대신 아이의 작은 노력을 발견하고 성과보다 과정을 칭찬해야 합니다. 실패를 학습의 일부로 인정하고, 틀린 문제를 질책하기보다는 왜 틀렸는지 분석하며 다음에는 어떻게 개선할지 대화를 나누는 것이 중요합니다. 실패를 통해 배우는 경험은 아이의 성장에 필수적입니다.

성적이 오르지 않는 이유는 아이가 열심히 하지 않아서가 아닙니다. 학습의 방향이 잘못 설정되었거나, 학습의 질적인 측면이 부족하기 때문입니다. 부모는 아이가 학습의 주체가 되어 스스로 목표를 설정하고 이를 이루어가는 경험을 쌓을 수 있도록 도와야 합니다. 학습은 단순히 좋은 성적을 받는 도구가 아닙니다. 그것은 아이가 스스로 문제를 해결하고 자신감을 쌓아가는 과정입니다. 자녀가 지금 직면한 문제는 일시적인 성적 정체가 아닙니다. 이 문제는 아이가 스스로 성장하고 자신의 가능성을 발견하는 중요한 기회입니다. 지금부터 아이와 함께 학습 방향을 점검하고 작은 목표부터 하나씩 설정해보세요. 성적 향상은 숫자로만 나타나는 결과가 아니라 아이가 자신의 힘으로 성취해나가는 삶의 일부임을 잊지 마세요.

2. 성적 향상은 시간과 노력에 비례하지 않는다

중학교 2학년 수진이(가명)는 학교와 학원을 오가며 매일 긴 시간을 공부에 투자하는 학생이었습니다. 방과 후에는 문제집을 몇 권씩 풀며 늦은 밤까지 책상 앞에 앉아 있었고, 그 모습을 본 부모님은 '이 정도로 열심히 하는데 성적이 오르지 않을 리가 없다'고 믿었습니다. 하지만 중간고사 성적표를 받아본 부모님은 당혹감을 감추지 못했습니다. 일부 과목에서는 점수가 오히려 떨어졌고 다른 과목은 큰 변화 없이 제자리에 머물렀습니다. 부모님은 '이렇게 열심히 했는데 왜?'라는 의문을 품고 학습 코칭을 의뢰하게 되었습니다.

수진이의 학습 과정을 살펴본 결과 시간이 부족한 것이 아니라 학습의 방향과 방법에 문제가 있다는 점이 명확히 드러났습니다. 수진이는 문제집을 처음부터 끝까지 풀며 공부량을 늘리는 데 집중했지만 정작 중요한 개념을 이해하거나 풀이 과정을 점검하는 시간을 충분히 가지지 못했습니다. 학습의 양은 많았으나 질적인 깊이가 부족했던 것입니다.

뇌과학자 정재승 교수는 "반복적인 학습이 반드시 성과로 이어지지 않는 이유는 뇌가 문제의 '패턴'만 기억하고 원리를 이해하지 못하기 때문"이라고 설명합니다. 수진이 역시 문제를 기계적으로 반복하면서 문제 풀이 방법은 암기했지만, 새로운 문제를 마주했을 때 응용할 수 있는 능력은 부족했습니다.

또한 수진이의 경우에 학습 시간의 효율성이 떨어지는 문제도 있었습니다. 매일 6시간 이상 문제집을 풀었지만, 집중력이 떨어진 상태에서 공부를 이어갔고 이에 따라 학습 효과는 점점 낮아졌습니다. 심리학자 대니얼 카너먼Daniel Kahneman은 "피로한 상태에서는 새로운 정보를 받아들이고 이해하는 능력이 현저히 떨어진다"라고 말합니다. 수진이의 경우 늦은 밤까지 공부하면서도 학습 내용을 제대로 기억하거나 응용하지 못했고, 결과적으로 학습 시간이 길어질수록 효율은 더 낮아지는 악순환에 빠져 있었습니다.

　학습 전문가들은 성적 향상이 단순히 공부 시간에 비례하지 않는다는 점을 반복적으로 강조합니다. 학습의 성과는 학습에 들인 시간의 양보다 그 시간 동안 학생이 얼마나 집중하고 개념을 깊이 이해했는지에 달려 있습니다. 문제를 해결하기 위해 오랜 시간을 들이는 것이 아니라, 그 문제의 본질을 파악하고 응용할 수 있는지를 점검해야 한다는 것입니다.

　학생이 겪는 이런 문제는 수진이만의 이야기가 아닙니다. 많은 학생이 학습의 양을 늘리면 성적도 자연스럽게 올라갈 것이라는 기대 속에서 비효율적인 공부 방법을 반복하고 있습니다.

　사실 수진이의 사례를 통해 우리가 배울 수 있는 교훈은 공부라는 것이 단순히 '노력의 집합체'가 아니라는 점입니다. 학생이 스스로 공부하면서 작은 성취감을 얻는 방식으로 학습을 구조화하지 않는다면 아무리 많은 시간을 들여도 성적은 오르기 어렵습니다. 많은 부모님이 자녀의 공부 시간을 기준으로 성과를 평가하지만, 학습이란 시간의 양이 아니라 시간의 질에 의해 결정된다는 사실을 기억해야 합니다.

　수진이는 코칭 과정을 통해 공부 시간을 줄이면서도 더 효율적으로 학습하는 방법을 배우기 시작했습니다. 길고 반복적인 문제 풀이 대신 각 문제의 핵심 개념을 정확히 이해하고 이를 응용하는 데 집중했습니다. 이전에는 문제를 푸는 데만 급급했다면, 이제는 틀린 문제를 분석하고, 왜 틀렸는지 생각하며 개념을 다시 점검하는 과정을 통해 학습의 깊이를 더해갔습니다. 공부 시간이 많다고 해서 성적이 오르는 것이 아니라 집중력과 효율이 성적 향상의 열쇠임을 깨닫게 된 것입니다.

─────○ 시간을 관리하고, 공부의 주도권을 가져라

수진이의 경우처럼 학습은 단순히 시험을 위한 준비가 아니라 문제를 해결하며 스스로 깨닫고 성장하는 과정이어야 합니다. 공부가 단순히 성적을 얻기 위한 고된 노동으로 느껴진다면 학생은 학습에서 얻을 수 있는 즐거움과 성취감을 잃게 됩니다. 이는 학습 의욕 저하로 이어지고, 결국 더 큰 성적 부진의 악순환을 낳습니다. 수진이가 코칭을 통해 바꾼 첫 번째 습관은 바로 공부를 '해야만 하는 일'에서 '할 수 있는 도전'으로 보는 관점을 바꾼 것이었습니다.

또한, 학습이 효율적이지 않을 때 학생은 자신감을 잃고 학습에 대한 흥미를 잃게 됩니다. 주변 친구들이 높은 성적을 올리며 선생님과 부모님의 칭찬을 받으면, 자신만이 뒤처지고 있다는 느낌이 들어 학생 스스로가 자신을 부정적으로 보게 됩니다.

이런 상황은 단순히 성적 부진의 문제가 아니라 학생의 자존감에도 큰 영향을 미칠 수 있습니다. 성적은 단순히 숫자가 아니라 학생이 자신의 성취를 평가하는 기준으로 작용하기 때문입니다.

부모님은 학생의 학습을 바라볼 때 '얼마나 오래 공부했는가?'가 아니라 '그 시간이 어떻게 사용되었는가?'에 주목해야 합니다. 긴 시간을 공부하는 것이 아니라 효율적으로 학습할 수 있는 방법을 찾는 과정이 필요합니다. 학생이 시간을 관리하는 능력을 키우고 스스로 공부의 주도권을 가질 때 비로소 성적 향상의 가능성은 열립니다. 이 책은 학생이 단순히 공부 시간을 늘리는 것을 넘어 자신만의 학습 패턴과 방식을 찾아 성적 향상을 이룰 수 있도록 돕고자 합니다. 학부모님도 시간을 관리하는 새로운 관점을 통해 학생이 더 나은 학습 경험을 쌓을 수 있도록 함께 고민해주길 바랍니다.

3 내 아이는
어떤 공부를 하고 있는 걸까?

　매일 학교와 학원 그리고 집에서 오랜 시간을 공부에 투자하는데도 막상 시험을 치르고 성적표를 받아 들었을 때 기대에 미치지 못하는 결과가 나오는 경우, 대개 문제는 학습에 들인 시간이 효율적인 학습으로 연결되지 않고 있을 가능성이 큽니다. 따라서 학생이 '어떤 공부를 하고 있는가?'를 세밀히 살펴보는 것이 매우 중요합니다.

    고등학교 1학년 수민(가명)이는 하루 평균 6시간 이상을 수학 공부에 쏟는 학생이었습니다. 방과 후 학원을 다녀온 뒤에도 집에서 문제집을 푸느라 늦은 밤까지 책상에 앉아 있었습니다. 부모님은 '이렇게 열심히 공부하니 성적은 오를 수밖에 없어'라고 생각했지만 중간고사 성적표를 보고 큰 충격을 받았습니다. 수학 점수가 기대보다 훨씬 낮았고 일부 단원에서는 기초적인 실수도 눈에 띄었습니다.

    수민이와 대화를 나누며 그녀의 학습 과정을 점검해보니 그녀는 수학 문제를 풀 때 정답을 맞히는 데만 집중하고 있었습니다. 문제를 풀고 답을 확인한 후에는 바로 다음 문제로 넘어갔고 틀린 문제를 다시 고민하거나 풀이 과정을 복습하는 시간은 거의 없었습니다. 문제 풀이 과정에서 '왜 이 풀이가 필요한가?', '어떤 개념이 적용되었는가?'를 고민하기보다는 정답 맞히기에만 급급했던 것입니다.

    수민이에게 틀린 문제를 어떻게 해결했는지 설명해달라고 요청했을 때 그녀는 풀이 과정을 제대로 설명하지 못했습니다. 틀린 이유를 다시 분석하거나 개념을 복습하지 않고 넘어갔기 때문에 문제 해결 능력이 쌓이지 않았던 것입니다. 허버트 사이먼은 "효과적인 학습은 단순히 정보를 외우는 데 그치지 않고, 문제를 분석하고 새로운 상황에 적용할 수 있는 능력을 개발하는 과정"이라고 강조했습니다. 그는 학습에서 "지식 구조화"의 중요성을 언급하며 단순 암기는 패턴에 의존할 수 있지만 실제 문제 해결에는 원리를 이해하고 적용하는 사고가 필수적이라고 설명합니다. 수민이의 경우도 비슷했습니다. 문제 풀이의 패턴은 익혔지만 문제를 해결하는 원리를 이해하지 못해 조금만 응용이 필요한 문제에서도 어려움을 겪었습니다.

중학교 3학년 시헌(가명)이는 시험 준비를 위해 하루에 50개 이상의 영어 단어를 암기했습니다. 그는 단어장을 들고 다니며 끊임없이 단어를 외웠고 시험 전날에는 몇 시간 동안 단어를 반복해서 복습하는 습관이 있었습니다. 하지만 시험에서는 의외로 단어 문제에서 실수가 잦았습니다. 시헌이는 단어의 뜻은 잘 기억했지만 그 단어가 문장에서 어떤 의미로 쓰이는지, 문맥 속에서 어떤 뉘앙스를 전달하는지 이해하지 못했습니다. 예를 들어, 'address'라는 단어를 단순히 '주소'로 암기했기에 문장에서 '문제를 해결한다'라는 의미로 쓰였을 때 그 뜻을 전혀 파악하지 못했던 것입니다.

이후 시헌이의 학습 방식을 조금씩 바꿔보기로 했습니다. 단순히 단어 뜻만 외우는 대신 단어가 포함된 예문을 읽고 문맥 속에서 그 단어가 어떻게 쓰이는지를 이해하도록 지도했습니다. 단어장을 공부할 때도 그 단어를 활용해 짧은 문장을 만들어보거나 교과서 속 문장에서 그 단어를 찾아보는 방식으로 학습을 전환했습니다. 처음에는 시간도 더 걸리고 낯설게 느껴졌지만 시헌이는 점차 단어의 실제 쓰임새를 이해하게 되었고 그 단어를 스스로 활용하는 자신감을 얻었습니다. 그는 "문장 속에서 단어를 보니 외우는 것보다 훨씬 쉽게 기억되고 재미있어요"라며 이전보다 영어 공부에 대한 부담이 줄어들었다고 이야기했습니다.

─────○ 진정으로 이해하고 응용할 수 있는가

수민이와 시헌이의 사례는 표면적인 학습 방식의 한계를 잘 보여줍니다. 많은 학생이 학습에 긴 시간을 투자하고 있지만 그 시간 동안 정답을 맞히는 데 집중하거나 단순 암기에 의존하는 경우가 많습니다. 이렇게 학습의 깊이를 고민하지 않는 '표면적 학습'은 시험 직전에는 효과적으로 보일 수 있지만 시험 후 쉽게 잊히는 단기적인 성과로 끝날 가능성이 높습니다. 교육 심리학자 캐럴 드웩Carol Deck 교수는 "학생이 학습 내용을 진정으로 이해하고 응용할 수 있을 때 그 배움은 지속된다"라고 말합니다. 이는 학생이 문제를 푸는 과정을 충분히 이해하고 스스로 설명할 수 있어야만 가능해집니다.

수민이는 이후 문제를 빠르게 푸는 대신 각 문제의 풀이 과정을 곱씹고 '왜 이 풀이가 필요한가?'를 질문하며 학습했습니다. 처음에는 답답해했지만 점차 문제의 구조를 이해하며 문제 풀이에 대한 자신감을 얻었습니다. 시헌이 역시 단어 암기에서 벗어나 문맥을 이해하며 영어 단어를 공부하면서 영어 독해에 대한 흥미와 자신감을 키웠습니다. 이처럼 단순히 많은 문제를 푸는 것이 아니라 학습 내용을 깊이 이해하는 방식으로 전환했을 때 학생들은 점차 스스로 학습의 주도권을 가지게 되었고 성적 향상도 자연스럽게 따라오게 되었습니다.

4 양적 공부 vs 질적 공부

학습의 방향을 고민하는 것이 중요합니다. 성적이 오르지 않는 이유는 공부의 시간이 부족해서가 아니라 학습의 방식, 즉 양적 공부와 질적 공부의 차이에서 기인할 가능성이 큽니다.

중학교 2학년 지훈이(가명)는 매일 수학 문제집 두 권을 풀며 가능한 한 많은 문제를 해결하려고 했습니다. 부모님은 "문제를 많이 풀수록 더 잘하게 된다"라는 아이의 말을 믿고 이를 격려했습니다. 하지만 시험 결과를 받아들였을 때 부모님은 지훈이가 풀었던 문제의 양에 비해 기대만큼의 성적을 얻지 못한 것을 보고 놀랐습니다. 지훈이와 이야기를 나눠보니 그는 문제를 푸는 과정에서 정답을 맞히는 데만 초점을 맞췄고 틀린 문제에 대해 다시 고민하거나 풀이 과정을 복습하지 않았습니다. 그는 "어떻게 풀었는지 설명해줄래"라는 질문에 풀이 방법을 명확히 설명하지 못했습니다.

지훈이의 학습 방식을 점검한 결과 문제 풀이의 속도와 양에만 집중했던 것이 문제였습니다. 그는 풀이의 논리와 개념을 깊이 이해하지 못했고 조금만 다른 방식으로 변형된 문제를 만나면 해결하기 어려워했습니다. 이후 지훈이는 하루에 푸는 문제의 양을 줄이고, 각 문제를 풀이한 뒤 그 과정을 되돌아보며 '왜 이런 개념을 적용했는가?'를 질문하는 방식으로 학습하기 시작했습니다. 처음에는 적응이 쉽지 않았지만, 점차 문제의 구조와 개념을 이해하며 자신감을 얻었고, 이는 성적 향상으로 이어졌습니다.

———○ 단순 암기에서 개념 이해로

고등학교 1학년 민지(가명)는 통합사회 과목에서 좋은 성적을 얻기 위해 개념과 용어를 암기하는 데 집중했습니다. 그녀는 매일 교과서와 문제집을 반복해서 읽고 정의와 공식 같은 내용을 외우는 데 많은 시간을 투자했습니다. 그러나 시험에서는 주관식 문제나 응용문제가 나올 때마다 답을 작성하는 데 어려움을 겪었습니다. 민지는 "용어는 외웠는데 왜 문제를 풀 땐 막막한지 모르겠어요"라며 혼란스러워했습니다.

학습 방법을 점검한 끝에 민지는 단순히 암기에 의존하는 방식을 바꾸기로 했습니다. 예를 들어, '사회적 자본'이라는 개념을 배울 때 단순히 정의를 외우는 대신 교과서 속 사례나 실생활에서 찾을 수 있는 예시를 떠올리며 학습을 확장해보기로 했습니다. 지역 공동체에서 주민들이 협력해 문제를 해결하는 사례를 뉴스나 기사에서 찾아보고 그 사례가 어떻게 사회적 자본의 특징과 연결되는지를 스스로 분석해보았습니다.

또한 민지는 배운 개념을 활용해 문제를 해결하는 연습도 시작했습니다. 예를 들어, "사회적 자본이 지역 발전에 미치는 영향을 서술하라"라는 문제를 풀 때 암기한 내용을 단순히 나열하는 대신 실제 사례를 바탕으로 자신의 의견을 추가해 서술해보았습니다. 이를 통해 민지는 개념과 실생활을 연결하는 사고력을 기를 수 있었고 주관식 문제에서도 자신감을 얻었습니다.

민지는 이런 변화를 통해 단순한 암기에서 벗어나 개념을 이해하고 활용하는 방법을 배우게 되었고 시험 준비가 이전보다 흥미롭게 느껴진다고 말했습니다. 그녀는 "단순히 외우는 것보다 이렇게 배우니까 통합사회가 훨씬 재미있어요. 이제는 문제를 보면 어떻게 답을 써야 할지 스스로 생각하게 돼요"라며 학습 방식의 변화를 긍정적으로 평가했습니다.

──────○ 학습의 방향

중학교 1학년 정민이(가명)는 과학 과목에서 점점 자신감을 잃어가고 있었습니다. 시험 준비를 위해 교과서를 반복해서 읽고 개념을 암기하며 문제집을 풀었지만 정작 시험에서 응용문제가 나오면 당황하기 일쑤였습니다. 예를 들어, '광합성'이라는 주제를 배웠을 때 교과서의 정의는 외웠지만 이를 실생활이나 실험 상황에 적용하는 데 어려움을 느꼈습니다. 시험이 끝난 뒤 배운 내용을 금세 잊어버리는 것도 문제였습니다. 정민이는 과학을 어렵고 지루한 과목으로 느끼며 공부에 흥미를 잃어가고 있었습니다.

부모님이 코칭 상담을 원했고 저는 학습 방식을 점검하며 문제의 원인을 찾기 시작했습니다. 단순히 암기 위주로 공부하면서 과학 개념이 어떻게 실생활과 연결되는지 이해하지 못한 채 문제 풀이에만 치중하고 있었던 것이 주요 원인이었습니다. 이 상황에서 부모님과 정민이는 학습 방식을 바꾸기로 했습니다.

정민이는 문제를 풀 때 단순히 답을 찾는 데 그치지 않고 문제 속 상황을 그림으로 표현하거나 교과서 그림과 비교하며 분석하는 연습을 했습니다. 예를 들어, 광합성과 관련된 문제에서 '이산화탄소와 산소의 교환' 과정을 다이어그램으로 그려보거나, 교과서 속 실험 자료와 비교하며 자신의 풀이 과정을 점검했습니다. 이 과정은 문제를 단순히 맞히는 것에서 벗어나 문제의 본질을 이해하고 응용 능력을 키우는 데 도움이 되었습니다.

변화는 생각보다 빨리 찾아왔습니다. 정민이는 이제 과학 문제를 만났을 때 겁내지 않고 문제를 분석하며 차근차근 접근할 수 있게 되었습니다. 그는 "교과서에만 매달리지 않고 실제 상황을 생각하면서 공부하니까 훨씬 재미있고 기억도 오래 남아요"라고 말하며 학습에 대한 태도가 크게 달라졌습니다. 이전보다 학습 시간이 줄었지만, 공부의 질은 높아졌고 성적 역시 안정적으로 향상되었습니다.

이 사례는 단순 암기식 학습이 아니라 개념을 실제 상황과 연결하는 연습이 중요하다는 점을 보여줍니다. 정민이가 겪은 변화는 모든 학생에게 적용 가능한 간단한 방법들, 즉 실생활과 연결하고 그림이나 다이어그램을 활용하며, 문제를 분석하는 연습을 통해 가능합니다. 과학은 단순히 외워야 할 과목이 아니라, 세상을 이해하는 도구라는 점을 깨닫는 순간, 아이들은 학습에서 더 큰 즐거움과 성취감을 느낄 수 있습니다.

양적 공부와 질적 공부의 차이는 학습 결과에서 분명히 나타납니다. 양적 공부는 학생이 문제 풀이와 암기에 매달리게 하지만 질적 공부는 개념을 이해하고 이를 자신의 언어로 설명하며 응용할 기회를 제공합니다. 학습 심리학 연구에 따르면 "질적 학습을 통해 학습한 학생들은 단순 암기에 의존한 학생들보다 장기적인 학업 성과와 응용 능력이 크게 향상되는 것"으로 나타났습니다. 이는 질적 학습이 단기적인 시험 대비뿐 아니라 사고력과 문제 해결 능력을 키우는 데 필수적이라는 것을 보여줍니다.

지훈이, 민지, 정민이의 사례는 학생의 학습 방식이 성적 향상에 얼마나 큰 영향을 미치는지를 잘 보여줍니다. 문제 풀이의 양을 늘리는 것이 아니라 학습의 깊이를 고민하고 이해와 응용 중심의 학습으로 전환할 때 비로소 학습 효과가 극대화됩니다.

부모님은 자녀가 얼마나 많은 시간을 공부에 투자했는지가 아니라 그 시간이 얼마나 효과적으로 사용되고 있는지를 점검해보아야 합니다. 지금 자녀가 하는 공부가 단순히 양적 공부에 치우쳐 있다면 질적 학습으로 전환할 방법을 함께 모색해보세요. 양에서 질로의 전환은 단순히 성적 향상이 아니라 자녀가 자기 주도적으로 성장하는 중요한 출발점이 될 것입니다.

5 100명의 학생,
100가지 공부 스타일

    학생들은 각자 고유한 성격과 학습 스타일을 가지고 있습니다. 같은 시간과 자료를 사용해 공부하더라도 학생마다 집중하는 방식, 이해하는 과정, 문제를 푸는 방법이 모두 다릅니다. 그러나 많은 부모님은 모든 학생에게 동일한 학습 방법을 적용하려는 경향이 있습니다. 이는 마치 한 가지 크기의 옷으로 다양한 체형의 사람에게 맞추려는 시도와 같습니다. 학생의 개별적인 학습 스타일을 고려하지 않으면 학습 효과는 낮아지고 공부에 대한 흥미와 성취감도 줄어들 수 있습니다.

고등학교 2학년 지환이(가명)는 학업에 열정적이었지만 문제 풀이의 반복적인 방식에 점점 지쳐가고 있었습니다. 그는 학원의 방식대로 문제집을 여러 번 반복하며 암기 중심으로 공부했지만 시험에서 새로운 유형의 문제가 나오면 당황하거나 풀이 과정을 끝까지 이어가지 못했습니다.

코칭을 하면서 지환이는 글보다는 도표와 그림을 통해 개념을 구조화하는 방식이 더 효과적이라는 사실을 알게 되었습니다. 이후 그는 주요 개념을 도식화하고 시각적 자료로 정리하며 더 적은 시간에 더 높은 이해도를 얻을 수 있었습니다. 이 과정에서 성적도 서서히 상승했을 뿐 아니라, 공부에 대한 스트레스도 크게 줄었습니다.

중학교 1학년 민성이(가명)는 청각적 학습 스타일을 선호하는 학생이었습니다. 그는 중요한 내용을 소리 내어 읽거나 녹음하여 다시 듣는 방식으로 공부할 때 가장 효과적이었습니다. 하지만 학원에서는 주로 시각 자료와 텍스트 중심의 학습 방식만을 제공했고 이는 민성이의 학습 효율을 떨어뜨렸습니다. 민성이는 코칭수업과 함께 학습 방식을 조정해 중요한 내용을 부모님께 설명하거나 자신이 녹음한 자료를 반복해서 들으며 이해도를 높이는 연습을 했습니다.

이를 통해 민성이는 학습 효과를 크게 개선할 수 있었습니다. 민성이는 "처음에는 생소했지만, 제 목소리를 듣는 게 오히려 기억에 오래 남아요"라고 말하며 학습 방식의 변화를 긍정적으로 평가했습니다.

또 다른 예로, 역사 과목 공부에서 서로 다른 방식으로 성공을 거둔 학생들이 있습니다. 중학교 3학년 태희(가명)는 사건을 시간 순서대로 나열하며 흐름을 파악하는 방식을 선호했습니다. 반면, 같은 학년의 지현이(가명)는 시간 순서보다는 테마별로 사건을 연결해 원인과 결과를 이해하는 방식이 더 효과적이었습니다. 지현이는 경제적 원인과 정치적 결과를 연결해 사건을 학습했고 이는 단순 암기보다 훨씬 깊이 있는 이해로 이어졌습니다. 두 학생 모두 자신에게 맞는 방식으로 학습하면서 역사 과목에 대한 흥미를 잃지 않고 성적도 함께 향상될 수 있었습니다.

학생들은 자신에게 맞는 학습 스타일을 스스로 발견하기 어려워하는 경우가 많습니다. 학교나 학원의 일률적인 학습 방식 속에서 자신에게 맞지 않는 학습 방법을 고수하다 보면 피로감과 좌절감을 느끼고 학습 효율이 떨어질 수 있습니다. 부모님이 자녀와 함께 다양한 학습 방식을 시도해보면서 자녀의 학습 스타일을 발견하는 과정을 함께할 필요가 있습니다.

학생의 학습 스타일은 단순히 성적을 높이기 위한 도구가 아닙니다. 이는 학생 스스로 학습 과정을 주도하고 자신의 학습 방법에 대한 이해를 높이는 과정과 직결됩니다. 예를 들어, 어떤 학생은 시각 자료를 통해 정보를 받아들일 때 효율이 높지만, 다른 학생은 청각적 자료나 직접 손으로 쓰는 활동을 통해 학습할 때 더 효과적일 수 있습니다. 한 연구에 따르면 학생들의 학습 방식에 맞춘 자료를 제공했을 때 성적 향상뿐 아니라 학습 동기와 자존감이 크게 향상된 사례가 있었습니다.

학생의 학습 스타일에 맞춘 환경 조성도 중요합니다. 시각적 학습 스타일을 가진 학생은 정리된 노트나 차트를 활용할 때 학습 효율이 올라갈 수 있습니다. 청각적 학습 스타일을 가진 학생은 혼자 책을 읽기보다는 부모님에게 개념을 설명하거나 강의를 반복해서 듣는 방식으로 학습할 때 더 나은 성과를 보일 수 있습니다. 조용한 환경에서 혼자 공부할 때 집중력이 높아지는 학생이 있지만 친구들과 그룹으로 공부하며 서로의 관점을 나누는 과정에서 학습 효율이 높아지는 학생도 있습니다.

자녀가 학습 스타일을 발견하고 이를 바탕으로 공부를 이어나갈 때 학습 자체에 대한 흥미와 자신감이 함께 높아지게 됩니다. 학생 스스로 자신의 학습 방식을 탐구하며 자기주도적인 학

습 습관을 기르는 것은 단기적인 성적 향상을 넘어 장기적인 성
장으로 이어집니다.

부모님은 자녀의 학습 스타일을 존중하고 자녀와 함께 최적의
학습 방법을 찾아가는 과정을 응원하며 지원해보세요. 학습은
성적을 넘어 학생이 자기 자신을 깊이 이해하고 성장하는 여정
임을 기억하시기를 바랍니다.

6 공부 스트레스를
어떻게 푸는지 살펴봐라

자녀가 공부하는 모습을 보면서 혹시 이런 생각을 해본 적 없나요? '우리 아이가 공부로 얼마나 스트레스를 받을까?' 또는 '공부가 너무 힘들지는 않을까?' 우리는 종종 자녀의 성적과 공부 시간에만 주목하고 그 과정에서 발생하는 스트레스를 놓치기 쉽습니다. 그러나 학습 과정에서의 스트레스는 성적에 직접적인 영향을 미칠 뿐 아니라 장기적으로 학습 동기와 집중력에도 악영향을 끼칠 수 있습니다. 학생이 공부로 인해 느끼는 스트레스를 어떻게 관리하고 해소할 수 있을지 고민하는 것은 학습의 효과를 높이는 데 있어 중요한 출발점이 됩니다.

먼저 학생이 학습 과정에서 겪는 스트레스의 원인을 이해해야 합니다. 중학생이나 고등학생에게 시험은 단순히 학업 과제만이 아니라 성적과 진로를 결정짓는 중요한 관문으로 다가옵니다. 특히 시험 성적이 학업 능력과 미래에 대한 기대를 좌우한다는 사회적 분위기는 학생에게 큰 부담으로 작용합니다. 성적에 대한 기대와 끝없는 과제, 학습 계획을 따라가야 한다는 압박감은 스트레스를 가중하는 주요 요인입니다.

───────○ 다양한 공부 스트레스 방법

고등학교 1학년 서준이(가명)는 시험이 다가올수록 불안감에 잠을 설치곤 했습니다. 그는 '내가 노력하는 만큼 결과가 나와야 한다'는 생각에 공부 시간을 늘렸지만 오히려 스트레스가 쌓여 학습 집중력이 떨어지는 악순환을 겪었습니다.

학생이 이러한 스트레스를 해소하지 못하면 학습 능률은 떨어지고 건강에도 부정적인 영향을 미칠 수 있습니다. 스트레스는 집중력 저하, 의욕 상실, 정서적 불안정으로 이어지며, 심할 경우 학업 포기까지 생각하게 만드는 원인이 될 수 있습니다. 따라서 공부와 스트레스의 균형을 맞추고 학생이 스트레스를 건강하게 해소할 수 있도록 돕는 것이 학부모의 중요한 역할입니다.

스트레스를 해소하는 방식은 학생마다 다릅니다. 어떤 학생은 활동적인 방법으로 스트레스를 풀고, 어떤 학생은 휴식이나 창의적인 활동을 통해 긴장을 해소합니다. 고등학교 2학년 민재(가명)는 매일 학원을 마친 후 스트레스를 느낄 때마다 동네 공원을 산책하며 긴장을 풀곤 했습니다. 그는 "공부하다가 답답할 때 잠깐 바람을 쐬고 걷다 보면 머릿속이 맑아져요"라고 말했습니다. 민재의 경우처럼 활동적인 스트레스 해소법은 신체 에너지를 사용하며 마음을 안정시키는 데 효과적입니다. 반면, 중학교 3학년 윤정이(가명)는 차분한 음악을 들으며 하루를 정리하는 시간을 통해 스트레스를 해소했습니다. 조용한 환경에서 느긋하게 음악을 듣거나 가벼운 독서를 하는 방식은 민재와 같은 활동적인 방법보다 윤정이에게 더 적합했습니다.

또한 미술, 글쓰기, 음악과 같은 창의적인 활동을 통해 스트레스를 해소하는 학생들도 있습니다. 중학교 2학년 예진이(가명)는 매일 일기를 쓰며 자신의 감정을 기록했고 시험 기간에도 공부와 감정을 정리하는 데 큰 도움을 받았습니다. "내가 공부하면서 느낀 답답함을 글로 쓰고 나면, 조금 더 가벼운 마음으로 공부를 시작할 수 있어요"라며 그녀는 창의적 활동의 장점을 설명했습니다. 이처럼 학생이 자신에게 맞는 방식으로 스트레스를 풀 수 있도록 돕는 것은 학습 효과뿐 아니라 정서적 안정에도 긍정적인 영향을 미칩니다.

그렇다면 부모님은 학생의 스트레스 해소를 위해 어떤 도움을 줄 수 있을까요? 가장 중요한 것은 학생의 스트레스를 이해하고 공감해주는 태도입니다. 부모님이 학생의 감정을 알아차리고 이를 적절히 표현하도록 도와줄 때, 학생은 스트레스를 더 건강하게 다룰 수 있습니다. 예를 들어, 중학교 1학년 윤희(가명)가 시험 전날 "시험이 너무 어려울 것 같아서 못 볼 것 같아요"라고 말했을 때, 부모님이 "그래, 어렵게 느껴질 수 있지. 그러면 오늘은 한두 문제만 정리하고 나머지는 내일 아침에 차분히 정리해보는 건 어때?"라고 응답한다면 학생은 압박감에서 벗어나 스스로 상황을 조율하는 힘을 키울 수 있습니다.

학부모는 또한 자녀가 스트레스 해소와 학습의 균형을 맞출 수 있는 환경을 만들어주는 역할을 할 수 있습니다. 지나친 기대와 압박은 자녀에게 부담을 주는 요인이 될 수 있으므로 성적에 대한 기대를 표현할 때는 긍정적인 격려와 지지를 함께 전달하는 것이 중요합니다. 부모의 역할은 자녀가 스트레스를 관리할 수 있는 다양한 방법을 탐색하도록 지원하는 데 있습니다. 이 과정에서 부모가 보여주는 태도는 자녀가 스트레스를 다루는 방식에 직접적인 영향을 미칩니다.

공부와 스트레스의 균형은 자기주도 학습을 지속하기 위한 필수 요소입니다. 학생이 학습 중에 스트레스를 건강하게 관리하고 해소할 수 있을 때 진정한 자기주도 학습이 가능해집니다. 또한, 이 과정을 통해 학생은 자신에게 맞는 스트레스 관리 방법을 탐구하며, 학습과 삶의 균형을 찾는 법을 배우게 됩니다. 학습이란 단순히 성적을 올리는 도구가 아니라 자신을 이해하고 성장하는 여정임을 기억하며, 부모님은 이 과정을 자녀와 함께 하면서 지지하고 응원해주는 것이 중요합니다.

학습 목표가 없는 공부는
한계가 있다

"우리 아이는 분명 노력하고 있는데, 왜 성적은 그대로일까요?" 대치동에서 학습법 코칭을 하다 보면 부모님들에게서 자주 듣는 질문입니다. 자녀가 매일같이 책상 앞에 앉아 많은 시간을 투자하며 학원 숙제와 자습을 성실히 해내고 있음에도 결과가 기대에 미치지 않을 때, 부모님은 당혹스러움을 느끼며 고민에 빠집니다.

그런데 이처럼 열심히 공부하고도 성적이 오르지 않는 경우를 살펴보면 대부분 구체적인 목표 없이 공부에 매달리는 것이 원인인 경우가 많습니다. 학생 스스로 공부를 왜 해야 하는지, 어떤 목표를 이루고 싶은지에 대한 고민 없이 단순히 시간을 채우기 위해 반복적으로 학습하는 상황은 학습의 효율을 떨어뜨릴 뿐만 아니라 학생에게 피로감과 무기력함을 안겨줍니다.

─────○ "그냥 성적을 올려야 하니까요"

목표가 없는 공부는 학생들에게 큰 부담이 됩니다. 시험을 앞두고 밤늦게까지 공부하며 숙제를 끝내는 데에만 집중할 뿐 막상 시험 성적이 기대에 미치지 않으면 학생들은 쉽게 자신감을 잃고 좌절감을 느끼게 됩니다. 성적을 올려야 한다는 압박감은 날로 커지지만 공부가 무엇을 위한 것인지 모른 채 반복되는 학습은 흥미를 잃게 만들고 결국 피로만 쌓이는 악순환으로 이어집니다.

고등학교 1학년 태현이(가명)는 매일 학원에서 3시간 이상 공부하며 밤늦게까지 문제집을 풀었지만 시험 성적은 여전히 정체되어 있었습니다. 학습 코칭에서 "왜 공부하느냐"는 질문에 태현이는 "그냥 성적을 올려야 하니까요"라고 대답했지만, 성적을 올리는 이유와 목표를 구체적으로 설명하지 못했습니다. 이처럼 목표가 없는 공부는 학생에게 방향성을 잃게 하고, 학습 과정을 단순한 의무로 만들어버립니다.

목표는 학생들이 학습 과정에서 방향을 잡고 성취감을 느낄 수 있도록 돕는 중요한 도구입니다. 교육 심리학자 캐럴 드웩은 "목표는 단순히 동기를 부여하는 수단이 아니라, 학습 과정 자체를 구조화하고 성취감을 만들어내는 핵심적인 역할을 한다" 라고 말합니다. 목표가 없는 학습은 성과를 내기 어렵고 학생 스스로 학습의 의미를 찾지 못하게 만듭니다.

중학교 2학년 효주(가명) 역시 매일 같은 방식으로 학습했지만 성적은 정체 상태였습니다. 시험 후 점수가 좋지 않으면 효주는 자신을 탓하며 좌절했고 좋은 점수를 받아도 일시적인 만족감에 그쳤습니다. 코칭을 통해 효주는 '다음 시험에서는 영어 문법 문제의 정확도를 높이겠다'는 작은 목표를 세우기 시작했고 이를 통해 공부의 의미를 되찾을 수 있었습니다.

────○ 작지만 명확한 목표가 있는가

목표가 없으면 학습 과정에서 성취감을 얻을 기회가 사라지고 공부는 그저 반복적인 일상으로 변질됩니다. 이는 장기적으로 학생이 학습에 대한 흥미를 잃게 만들며 결과적으로 더 큰 좌절과 스트레스를 초래합니다. 고등학교 2학년 민영이(가명)는 시험이 다가오면 모든 과목을 빠르게 복습하며 하루를 보냈지만 정작 시험이 끝난 뒤에는 '내가 무엇을 공부했는지 모르겠다'는 생각에 답답함을 느꼈습니다. 학습 코칭 과정에서 민영이는 각 과목의 우선순위를 정하고, 구체적인 목표를 세우는 연습을 했습니다. 예를 들어, 사회 과목에서는 서술형 문제를 3문제 이상 완벽히 맞히겠다는 목표를 세웠고 이를 위해 공부 방법을 조정했습니다. 이 경험은 민영이에게 작은 성취감을 안겨주었고, 학습의 효율을 높이는 계기가 되었습니다.

교육 심리학자 존 해티John Hattie는 "명확한 목표를 설정한 학생은 학습 과정에서 스스로 주도권을 잡으며, 학업 성취도뿐 아니라 학습에 대한 자신감도 크게 향상된다"라고 강조합니다. 목표는 학생들에게 학습의 방향성을 제공할 뿐만 아니라, 성취감을 통해 더 큰 동기를 부여하는 역할을 합니다. 목표를 가진 학생은 학습의 과정을 더 잘 이해하고 자신의 발전을 스스로 평가할 수 있습니다. 반면 목표 없는 학습은 시험 점수 하나에 의존하게 만들며 점수가 좋지 않을 경우 반복적인 좌절감과 스트레스를 유발합니다.

목표가 없는 공부는 학생들에게 피로와 스트레스를 주고 학습 과정에서 성취감을 느낄 기회를 빼앗습니다. 그러나 명확한 목표를 설정하면 공부는 단순한 의무감이 아닌 도전 과제가 됩니다. 작은 목표를 통해 성취감을 느끼고 자신감을 키우는 과정은 학생의 학습을 의미 있는 여정으로 변화시킵니다. 학습 코칭은

이 과정에서 중요한 역할을 하며, 학생이 목표를 설정하고 이를 통해 성장할 수 있도록 돕는 강력한 도구입니다. 목표 없는 공부로 고민하는 학생들에게 학습 코칭은 길잡이가 되어줄 것입니다.

지금 자녀와 함께 작은 목표를 설정해보세요. '다음 시험에서 특정 과목의 특정 영역에서 몇 점 더 올리자'와 같은 구체적이고 실현할 수 있는 목표는 자녀의 학습 과정에서 큰 변화를 불러올 수 있습니다. 학생들이 자신만의 목표를 세우고 달성하며 자신감을 얻는 과정을 통해, 학습은 단순한 성적 향상이 아닌 자기 성장의 도구로 자리 잡게 될 것입니다.

2장

혼자 공부하기
어려워하는 이유

1 학생들은 원래 혼자 공부하는 법을 모른다

많은 부모님은 자녀가 중학생이 되면 스스로 공부하는 습관을 들이기를 기대합니다. '이제는 혼자 해야지'라는 생각으로 조금씩 자율성을 주기 시작하죠. 하지만 학생들에게 혼자 공부하기란 결코 쉬운 일이 아닙니다. 부모님이 기대하는 모습과 학생이 느끼는 현실에는 큰 차이가 있기 때문입니다.

부모님들이 생각하는 '혼자 공부하기'란, 자녀가 스스로 학습 계획을 세우고, 정해진 시간에 집중해서 과제를 수행하며, 모르는 부분은 스스로 해결하려는 태도를 보이는 것입니다. 이는 단순히 성적을 올리는 것을 넘어 책임감과 자율성을 키우는 중요한 과정으로 여겨집니다. 하지만 정작 학생들의 입장에서 혼자 공부하기는 큰 도전으로 다가옵니다. 계획을 세우고 이를 실천하며 시간 관리를 하고 집중력을 유지하는 것은, 익숙하지 않은 학생들에게는 매우 낯선 과정입니다.

──────○ 혼자 공부하기의 어려움

중학교 2학년 재윤이(가명)는 시험 기간이 다가오면서 '이번엔 혼자 해보자'는 결심으로 책상에 앉았습니다. 그러나 재윤이는 어디서부터 시작해야 할지 몰랐고 계획을 세우는 데에만 한참 시간을 허비했습니다. 막상 문제를 풀다가 어려운 부분을 만나면 해결 방법을 몰라 답답해했고 시간이 지나면서 점점 산만해졌습니다. 학원에서 배우고 숙제를 할 때는 잘 따라갔지만 정작 혼자 공부하려니 무엇을 해야 할지 알지 못했던 것입니다.

학생들이 혼자 공부하기 어려워하는 이유는 여러 가지가 있습니다.

첫째, 구체적인 계획을 세우는 능력이 부족합니다. 많은 학생이 막연히 '공부해야지'라고 생각하지만, 무엇을 어떻게 할지 세세히 정하지 않으면 쉽게 방향을 잃습니다. 재윤이 역시 영어 단어를 외우려고 했지만, 얼마나 외워야 할지, 어떤 방법으로 외울지 정하지 않자 금세 흥미를 잃고 말았습니다.

둘째, 시간 관리와 집중력 유지가 어렵습니다. 하루 종일 책상에 앉아 있는 것처럼 보여도 실제로 공부에 몰입한 시간은 적어 성과가 나오지 않기도 합니다.

셋째, 모르는 문제를 스스로 해결하는 경험이 부족합니다. 학원이나 부모님의 도움에 익숙한 학생들은 스스로 자료를 찾아 문제를 해결하는 데 익숙하지 않아 혼자 공부할 때 어려운 문제를 만나면 쉽게 포기합니다.

넷째, 내적 동기가 부족합니다. 학생들이 자신의 목표를 찾지 못하고 부모님의 기대나 학교 성적에 의존할 경우 혼자 공부를 이어가는 더욱 어렵습니다.

이러한 어려움은 학생들이 스스로 학습 과정을 관리하고 점검하는 능력을 아직 갖추지 못했기 때문에 발생합니다.

─────◦ 혼자 공부하기까지 과정과 경험이 필요하다

교육 심리학자 존 플라벨John Flavell은 학습에서 '메타인지Meta cognition', 즉 "자신의 학습 과정을 스스로 점검하고 조정하는 능력이 성취의 중요한 요소"라고 강조합니다. 혼자 공부를 성공적으로 하기 위해서는 학생들이 자신의 학습 상황을 객관적으로 파악하고 무엇이 잘 되고 무엇이 부족한지를 인식하는 과정이 필요합니다. 하지만 메타인지 능력은 스스로 학습할 기회를 가지지 못한 학생들에게 자연스럽게 발달하지 않습니다.

혼자 공부하기란 단순히 도움 없이 혼자 모든 것을 해결하라는 뜻이 아닙니다. 필요한 부분에서는 도움을 받고 스스로 학습의 주체가 되어 자신의 과정을 점검하며 성장하는 것을 의미합니다. 예를 들어, 재윤이가 학원에서 기본 개념을 배우고 집에서 스스로 문제를 풀며 부족한 부분을 체크한 뒤 이를 다시 보충 학습으로 이어가는 과정이 바로 자기주도 학습의 한 예라 할 수 있습니다. 학습법 코칭은 학생들이 이런 과정을 체계적으로 배우고 실천할 수 있도록 돕습니다.

혼자 공부를 하기 시작하는 학생들에게 가장 중요한 것은 자신의 학습 과정을 점검하고 방향을 설정하는 경험을 쌓는 것입니다. 학습법 코칭은 학생이 이러한 메타인지 능력을 키우고 자기주도적인 학습자로 성장할 수 있도록 구체적인 방법과 동기를 제공합니다. 이 과정을 통해 학생들은 공부를 단순한 성적 향상이 아니라 자신의 성장을 위한 여정으로 받아들일 수 있습니다.

부모님도 자녀가 혼자 공부하기를 기대하며 '왜 스스로 못 하지?' 하고 답답해하기보다는, 스스로 학습하는 법을 배워가는 과정이 필요하다는 점을 이해해주셨으면 합니다. 학생들에게 혼자 공부란 기술과 연습이 필요한 새로운 도전입니다. 이 도전에서 학습법 코칭은 학생들이 길을 잃지 않고 꾸준히 나아갈 수 있는 든든한 길잡이가 되어줄 것입니다.

2 공부에 대한 내적 동기가 부족하다

학생들이 혼자 공부하기를 어려워하는 이유 중 하나는 공부하는 이유를 스스로 납득하지 못하기 때문입니다. 부모님들은 자녀가 스스로 계획을 세우고 성실히 공부하기를 기대하지만 정작 학생들이 느끼는 현실은 다릅니다. 공부는 대부분 외적인 요구나 압박 속에서 이루어지며, 학생들은 자신이 왜 공부를 해야 하는지에 대한 명확한 답을 찾지 못한 채 책상 앞에 앉아 있곤 합니다. 내적 동기가 부족한 상태에서는 학습이 단순히 해야 할 일로 여겨지기 쉽고, 이는 금세 흥미와 의욕을 잃게 만듭니다.

내적 동기는 학생이 학습의 필요성을 스스로 깨닫고 자신의 목표와 연결하여 학습을 자발적으로 지속할 수 있도록 만드는 힘입니다. 그러나 많은 학생이 외적 동기에만 의존합니다. "부모님이 하라고 해서요", "시험 점수를 올려야 해서요"라는 이유는 단기적으로는 학생들을 책상에 앉히는 데 효과적일지 모르지만, 장기적으로는 학습 지속성을 유지하기 어렵게 만듭니다. 외적 동기에 의존하면 학습은 부담으로 변하고 학생들은 점점 공부 자체를 회피하거나 의무적으로만 접근하게 됩니다.

─────○ "다들 하니까 저도 해야죠"

고등학교 1학년 은환(가명)이는 매일 4시간 이상 학원 과제를 하고 주말에도 스스로 자습을 이어갔습니다. 하지만 시험 성적은 부모님의 기대를 채우지 못했습니다. 코칭을 통해 은환이와 이야기를 나눠보니 그는 공부의 이유를 전혀 알지 못한 채 "다들 하니까 저도 해야죠"라는 막연한 생각으로 학습에 임하고 있었습니다. 시험 결과가 좋지 않으면 그는 자신을 탓하며 '난 왜 이렇게 안 될까'라는 부정적인 생각에 빠졌고 이는 학습에 대한 자신감을 잃게 만드는 악순환을 반복하게 했습니다. 내적 동기가 없는 학습은 성적 향상은커녕 오히려 스트레스와 피로만을 쌓이게 했던 것입니다.

은환이는 코칭을 통해 '정보통신 분야에서 일하고 싶다'는 목표를 설정했습니다. 그리고 이를 구체화하는 과정에서 자신이 희망하는 대학의 관련 전공에 필요한 과목 성적을 알게 되었습니다. 프로그래밍 능력을 기르기 위해 수학적 사고가 중요하다는 점을 이해한 은환이는 학원에 다니며 수학을 공부할 때도 이전과는 다른 자세를 가지기 시작했습니다. 이전에는 수학 숙제를 단순히 시간 채우기용 과제로만 여겼다면, 이제는 '수학 성적이 좋아져야 내가 하고 싶은 것을 이룰 수 있다'란 생각으로 수학 문제를 풀었습니다. 이 변화는 은환이에게 학습의 의미를 다시금 깨닫게 해주었고 학습에 더 집중할 수 있는 동기를 제공했습니다.

───○ 구체적이고 실현 가능한 목표

내적 동기의 부족은 학생들에게 여러 가지 부정적인 영향을 미칩니다.

첫째, 학습 과정에서 성취감을 느낄 기회가 줄어듭니다. 목표가 불명확한 상태에서 성적에만 의존하는 학습은 점수가 오르지 않을 때마다 학생의 자신감을 떨어뜨리고 학습 의욕을 약화시킵니다.

둘째, 외적 동기에만 의존하면 학생은 학습의 주도권을 스스로 가질 수 없게 됩니다. 교육 심리학자 에드워드 데시Edward Deci는 "외적 보상에 의존하는 학습은 장기적으로 학습에 대한 흥미와 동기를 약화시킨다"라고 말했습니다.

셋째, 내적 동기가 부족한 학생은 공부를 회피하려는 경향이 강해지며, 작은 실패에도 쉽게 좌절하게 됩니다. 이는 학생 스스로 학습 과정에서의 문제를 해결하려는 태도를 약화시키고, 성적 외의 성취감을 경험하기 어렵게 만듭니다.

내적 동기를 키우기 위해서는 학생이 학습의 이유를 스스로 발견하도록 돕는 것이 중요합니다. 은환이는 처음에는 '다음 시험에서 점수를 올려야 한다'는 막연한 목표를 가지고 있었습니다. 하지만 코칭을 통해 '다항식 문제를 5개 더 맞추겠다'는 구체적이고 실현 가능한 목표를 설정하게 되었습니다. 이 목표를 달성하며 작은 성취감을 경험한 은환이는 점차 더 큰 목표를 세우고 이를 실천할 동력을 얻게 되었습니다. 목표를 설정하고 이를 달성하는 과정에서 학생은 자신의 능력을 확인하고 학습에 대한 자신감을 키워갑니다.

 또한, 학습 주도권을 학생에게 돌려주는 것이 중요합니다. 부모님이 모든 학습 계획을 세우고 이를 따르기만 요구하는 방식은 학생의 내적 동기를 약화시킬 수 있습니다. 학생이 자신의 학습 계획을 스스로 설계하고 관리할 기회를 줘야 합니다. 은환이는 처음에는 계획을 세우고 실천하는 데 어려움을 느꼈지만 점차 자신의 학습 스타일을 파악하며 자신만의 학습 루틴을 만들어갔습니다. 이러한 과정은 은환이가 학습의 주체로 성장할 수 있도록 도왔습니다.

 내적 동기는 혼자 공부를 잘하기 위한 필수 요소입니다. 내적 동기가 부족한 학생은 학습을 단순한 의무로 느끼며 작은 어려움에도 쉽게 포기하지만 내적 동기가 강한 학생은 학습의 목적을 스스로 정의하고, 그 과정에서 성취감을 얻으며 성장합니다. 부모님이 자녀와 함께 학습의 의미를 탐구하고 내적 동기를 키울 수 있는 환경을 조성하는 것은 성적 향상을 넘어 자녀의 성장에 큰 변화를 가져올 수 있습니다. 내적 동기를 기반으로 한 학습은 단순히 성적을 올리는 것을 넘어 학생이 자기 자신을 이해하고 스스로 길을 개척할 수 있는 힘을 키워줍니다.

 부모님은 학습법을 코칭함으로써 자녀가 학습의 이유와 목표를 찾고 이를 실현하는 방법을 체계적으로 배우는 데 도움을 줄 수 있습니다. 코칭을 통해 자녀가 공부의 의미를 발견할 수 있도록 격려하고 지원한다면 학생은 혼자 공부를 이어나가는 데 필요한 내적 동기를 가지게 될 것입니다. 학습의 여정은 성적이라는 결과뿐만 아니라, 학생이 자기 자신을 이해하고 성장하는 과정이라는 점을 함께 기억하며 자녀를 응원해주세요.

3 스스로 할 수 있다는
자신감이 부족하다

    부모님은 자녀가 중학생이나 고등학생이 되면 스스로 공부 계획을 세우고 혼자 학습을 해낼 수 있기를 기대합니다. 부모님 입장에서 자연스러운 바람입니다. 하지만 학생들에게 혼자 공부한다'는 것은 막연한 불안감과 두려움으로 다가오기도 합니다. 특히, 자신감이 부족한 학생들에게는 스스로 학습을 시작하는 과정 자체가 큰 장벽으로 느껴집니다. 이처럼 학습에서 자신감을 잃은 학생들은 주도적으로 공부하기 어렵고, 이는 성과 저조와 학습 회피로 이어지는 악순환을 낳습니다.

자신감 부족은 학습의 근본적인 장애 요인 중 하나입니다. 중학교 2학년 태호(가명)의 사례를 들어보겠습니다. 태호는 학원 숙제와 학교 과제를 성실히 해왔지만 정작 시험 결과는 부모님의 기대에 미치지 못했습니다. 한번은 스스로 공부 계획을 세우고 학습해보려 했지만, 시험 점수가 이전보다 더 낮아지자 그는 '난 혼자 해도 소용없다'며 스스로에 대한 기대를 접었습니다. 이처럼 실패 경험은 학생들이 스스로 학습을 시도하는 것을 두려워하게 만들고 자신감을 점점 약화합니다. 태호는 이후로 혼자 공부하려는 의욕을 잃었고 오히려 학원 강사의 지도나 부모님의 도움에만 의존하게 되었습니다. 이는 자신감을 잃은 학생들에게 자주 나타나는 현상으로 학습 주도권을 잃어버리게 되는 주요 이유 중 하나입니다.

또 다른 원인은 비교와 기대의 압박입니다. 대한민국의 교육 환경에서 학생들은 성적을 기준으로 친구들과 비교당하거나 부모님의 높은 기대를 충족해야 한다는 부담을 자주 느낍니다. 예를 들어, 고등학교 1학년 혜영(가명)이는 부모님이 "옆집 친구는 성적이 꾸준히 오르는데 왜 너는 그대로냐?"라는 말을 듣고부터 공부에 대한 자신감을 완전히 잃었습니다. '나는 아무리 해도 잘할 수 없다'는 열등감이 쌓이며 그는 공부를 아예 시작하지 않거나, 시작하더라도 집중하지 못하는 상황에 빠졌습니다. 혜영이의 경우처럼 외부 비교와 기대는 학생들의 자신감을 갉아먹는 주요 요인으로 작용합니다.

자신감을 떨어뜨리는 또 다른 요소는 비현실적인 목표 설정입니다. 큰 목표를 설정하지만 이를 이루기 위한 구체적인 계획이 없다면 성취는 어려워지고, 이는 반복적인 실패로 이어질 가능성이 높습니다. 예를 들어, 태호는 '다음 시험에서 모든 과목의 성적을 1등급으로 만들겠다'란 목표를 세웠지만 하루에 몇 시간씩 무작정 공부하며 집중력을 잃는 모습을 보였습니다. 구체적인 방향 없이 큰 목표만 세운 태호는 결과적으로 그 목표를 달성하지 못했고, '나는 해도 안 된다'는 부정적인 결론을 내리게 되었습니다. 목표 설정의 실패는 학생들에게 자신감을 더욱 약화하는 원인이 됩니다.

─────○ 자신감 부족과 극복 방안

자신감 부족은 학습에 다양한 부정적인 영향을 미칩니다.

첫째, 자신감이 부족한 학생들은 학습을 회피하는 경향이 강합니다. '어차피 안 될 텐데 왜 해야 하지?'라는 생각은 공부를 시작조차 하지 못하게 만듭니다. 이러한 태도는 학습 준비 부족으로 이어지고 결과적으로 실패가 반복되며 자신감을 더 약화하는 악순환을 낳습니다.

둘째, 자신감이 부족하면 학습 몰입도가 떨어집니다. 학습 중에도 '이걸 내가 끝낼 수 있을까?'라는 불안감이 끊임없이 떠오르면 집중력이 흐트러지고 학습의 효율성이 떨어질 수밖에 없습니다.

셋째, 장기적으로 자신감 부족은 학습 동기를 약화합니다. 스스로를 '노력해도 안 되는 사람'으로 인식한 학생들은 학습뿐만 아니라 다른 도전에도 소극적인 태도를 보이며 성장의 기회를 놓칠 가능성이 높습니다.

하지만 자신감 부족 문제는 해결이 불가능한 것이 아닙니다. 작은 성공 경험을 통해 자신감을 회복하는 것은 학생들이 다시 학습의 주도권을 가질 수 있는 중요한 첫걸음입니다. 예를 들어, 태호는 코칭을 통해 '다음 시험에서 수학 문제 중 다항식 부분은 정확하게 맞추겠다'는 구체적이고 실현할 수 있는 목표를 세웠습니다. 이 목표를 달성하자 태호는 자신의 노력이 성과로 이어질 수 있다는 믿음을 다시 가지게 되었고, 점차 더 큰 목표를 설정하며 학습에 자신감을 되찾아갔습니다. 목표를 설정하고 이를 성취하는 과정은 학생들에게 학습의 주체로서 자신을 인식하게 만드는 중요한 경험을 제공합니다.

또한, 부모님과 교사가 학생의 성취를 인정하고 격려하는 것도 중요합니다. 자신감이 부족한 학생들은 작은 성취라도 외부에서 긍정적인 피드백을 받을 때 학습에 대한 의욕을 더 키울 수 있습니다. 이 과정에서 주의할 점은 부모님이 성적이나 결과에만 초점을 맞추지 않는 것입니다. 과정에서의 노력과 태도를 칭찬하며 학생이 학습의 과정을 긍정적으로 받아들일 수 있도록 돕는 것이 필요합니다.

결국, 혼자 공부하기 어려워하는 학생들에게 필요한 것은 '내가 할 수 있다'는 믿음을 심어주는 것입니다. 자신감은 단순히 성적을 올리기 위한 도구가 아니라, 학생들이 자신의 가능성을 믿고 도전할 수 있는 원동력입니다. 자신감을 회복한 학생은 실패를 두려워하지 않고 학습에서 성취감을 느끼며 더 큰 목표를 향해 나아갈 수 있습니다. 학생들이 자신의 학습 스타일과 목표를 발견하고, 작은 성취를 통해 자신감을 되찾을 수 있도록 돕는 것은 혼자 공부하는 힘을 키우는 가장 중요한 과정입니다.

부모님은 자녀가 스스로를 믿고 성장할 수 있도록 옆에서 응원하고 자녀의 학습 여정에 함께해 주길 바랍니다. '나는 할 수 있다'는 믿음이야말로 학생들이 미래를 스스로 설계하고 주도적으로 살아갈 수 있는 가장 중요한 밑거름이 될 것입니다.

4 잘못된 공부 습관이
문제다

효율적이지 않은 공부 습관은 학생들이 혼자 공부하기 어려워하는 주요 원인 중 하나입니다. 많은 학생들이 하루 종일 책상에 앉아 공부에 몰두하지만 정작 결과는 기대에 미치지 못하는 경우가 많습니다. 이는 단순히 노력의 부족이 아니라 학습을 조직하고 실행하는 방식에 문제가 있다는 것을 보여줍니다. 잘못된 습관은 학습의 본질을 놓치게 하고 학생들을 학습의 주체로 성장시키기보다는 학습을 부담스럽고 소모적인 일로 느끼게 만듭니다.

"습관은 단순히 반복적인 행동이 아니라, 우리의 사고방식과 태도까지 포함한다"라고 심리학자 제임스 클리어James Clear는 그의 저서 『아주 작은 습관의 힘Atomic Habits』에서 말합니다. 이처럼 학습 습관은 단순히 공부하는 시간의 문제가 아니라, 공부에 접근하는 방식과 태도 전반을 포함합니다.

중학교 2학년 지민(가명)이는 매일 저녁 수학 문제집 두 권씩 풀면서 공부 시간을 늘렸지만 시험 성적은 늘 제자리걸음이었습니다. 지민이는 문제를 풀 때 정답을 맞히는 데만 집중했고 풀이 과정이나 개념을 제대로 이해하지 못했습니다. 문제를 푼 뒤 왜 틀렸는지 복기하지 않고 다음 문제로 넘어가는 습관은 실질적인 실력 향상으로 이어지지 않았습니다. 단순히 문제 풀이의 양만 늘리는 방식은 학습의 본질을 놓치고 학습 성과를 제한하는 주요 원인이 됩니다. 이는 단순한 반복 학습이 아니라 개념의 이해와 응용을 중심으로 한 학습이 필요하다는 점을 보여줍니다.

고등학교 1학년 서연(가명)이는 영어 단어를 외우기 위해 매일 단어장을 펼치며 무작정 뜻을 암기했습니다. 하지만 독해 문제를 풀 때 문맥 속 단어의 의미를 파악하지 못해 어려움을 겪었습니다. 서연이의 경우처럼 단순히 단어를 외우는 데 그치는 학습은 단기적으로 시험 대비에는 유용할 수 있으나 장기적으로는 응용력을 키우지 못합니다. 암기 위주의 공부는 지식의 연결고리를 형성하지 못하기 때문에, 학생들에게 학습에 대한 흥미를 잃게 만드는 요인이 됩니다.

"배움은 단순히 지식을 축적하는 것이 아니라, 그것을 맥락에 맞게 활용할 수 있는 능력을 기르는 과정이다"라는 심리학자 에드워드 데시의 말처럼 효율적인 학습은 단순한 암기를 넘어선 이해와 응용이 필요합니다.

─────○ 효율적이지 않은 공부 습관들

시험 기간이 다가오면 학생들은 종종 비현실적인 학습 계획을 세우곤 합니다. 고등학교 1학년 민채(가명)는 시험 전 일주일 동안 매일 새벽까지 공부하며 모든 과목을 완벽히 준비하려고 했습니다. 그러나 하루에 해야 할 학습량이 지나치게 많아 계획을 끝까지 완수하지 못했고, 결국 무력감만 쌓였습니다. 비현실적인 계획은 목표를 이루지 못한 데서 오는 좌절감을 키우고 학습 지속성을 약화합니다. 과도한 시간 투자도 학습 효율을 저하하는 주범이 될 수 있습니다.

공부하는 동안 스마트폰 알림을 확인하거나, 틈틈이 다른 활동에 몰두하는 습관도 문제입니다. 고등학교 2학년 예진(가명)이는 집에서 온라인 강의를 듣는 동안에도 계속해서 메시지를 확인하곤 했습니다. 이러한 산만한 환경은 학습 시간 대비 성과를 낮추는 주요 원인입니다. 환경적인 요인이 제대로 정비되지 않으면, 학생들은 공부에 충분히 몰입할 수 없고 효율적인 학습을 기대하기 어려워집니다.

효율적이지 않은 학습 습관은 학생들에게 여러 가지 부정적인 영향을 미칩니다. 문제 풀이의 양은 많지만, 개념 이해가 부족하면 성적은 오르지 않습니다. 이는 학생들이 자신감을 잃게 만들고, 학습 동기를 약화합니다. 성과 없이 반복되는 학습은 학생들에게 큰 스트레스와 피로를 안겨줍니다. 이는 학습 자체를 부담으로 느끼게 하고 장기적으로 공부에 대한 흥미를 잃게 만듭니다. 또한, 잘못된 습관은 학습의 목적과 의미를 잃게 만들며, 학생들에게 공부가 단순히 의무적인 일로 인식되게 합니다.

교육 심리학자 존 해티John Hattie는 "효과적인 학습은 학생이 자신이 무엇을 왜 배우는지 이해하는 데서 시작된다"라고 말했습니다. 잘못된 학습 습관을 고치기 위해서는 단순히 시간 투자나 문제 풀이의 양을 늘리는 것이 아니라, 학습의 의미를 되찾는 과정이 필요합니다.

효율적인 학습 습관을 형성하려면 학생은 학습에 대한 주도권을 가져야 합니다. 이를 위해 현재의 학습 방식을 점검하고, 잘못된 습관을 인식하는 것이 중요합니다. 이러한 과정은 단순히 성적 향상을 넘어서 학생들이 학습의 본질을 이해하고 자신만의 학습 방식을 개발하도록 돕는 데 중점을 둡니다. 작은 변화를 통해 학생들은 학습에 대한 자신감을 되찾고 더 큰 성취를 이루어낼 수 있습니다.

5 부모의 기대와 자율성을 구분하지 못한다

학생들이 부모님의 기대와 자율성 사이에서 갈등을 겪는 모습을 학습 현장에서 쉽게 볼 수 있습니다. 부모님들은 자녀가 좋은 성적을 받고 성공적인 미래를 준비하기를 바라며 학습 계획을 세우고 방향을 제시합니다. 반면, 학생들은 이러한 부모님의 기대를 충족시키고자 노력하면서도 스스로의 학습 주도권을 잃고 무력감을 느끼는 경우가 많습니다. 부모님의 선의가 자녀의 자율성을 침해하고 학습 동기를 약화시키는 결과로 이어질 수 있다는 점에서 부모의 기대와 자율성 간의 균형은 매우 중요한 주제입니다.

고등학교 1학년 수현(가명)이는 부모님이 정해준 학습 계획대로 하루를 시작합니다. 방과 후에는 학원 수업을 듣고 돌아와 부모님이 준비해둔 문제집을 풉니다. 매일 부모님이 확인하는 체크리스트를 채우는 것이 수현이의 주요 목표가 되었습니다. 그러나 수현이는 점점 학습에서 흥미를 잃고, 단순히 과제를 마치는 데 급급한 모습을 보이기 시작했습니다. '내가 왜 이렇게 공부를 해야 하지?'라는 질문이 머릿속을 떠돌았지만, 정작 대답을 찾지 못한 채 학습은 의무가 되고 있었습니다.

또 다른 고등학교 3학년 재민(가명)이는 다가오는 시험 준비로 바쁜 시간을 보내고 있었습니다. 부모님은 재민이가 더 효율적으로 공부하도록 도움을 주고자 매일 학습 계획표를 작성하고 목표 점수를 설정해주었습니다. 그러나 재민이는 부모님의 기대에 맞추기 위해 공부하면서도 자신이 주도권을 갖지 못하고 있다는 점에서 점점 스트레스를 느꼈습니다. '부모님이 시키는 대로 했는데 왜 점수가 오르지 않을까?'라는 생각이 들 때마다 자신이 더 부족하다는 자책으로 이어졌고, 학습은 점점 부담스러운 일이 되어갔습니다.

교육 심리학자 에드워드 데시는 "외적인 보상이나 강요에 의한 학습은 단기적으로는 효과를 낼 수 있지만 장기적으로는 내적 동기를 약화하고 학습 효율을 떨어뜨린다"라고 말했습니다. 수현이와 재민이의 사례는 이를 명확히 보여줍니다. 부모님이 제공한 계획과 목표는 아이들의 학습 환경을 체계적으로 만들어 주는 데 도움이 되었지만 동시에 학생들이 스스로 학습 방향을 설정하고 주도적으로 참여할 기회를 빼앗아갔습니다. 학습의 주도권을 잃은 학생은 자율성을 경험하지 못하고, 성취감을 느낄 기회를 잃게 됩니다.

───────○ 학습 주도권을 자녀에게 돌려줘라

부모의 기대는 자녀의 학습을 지원하는 데 있어 중요한 역할을 하지만 그 기대가 자녀의 자율성을 침해하지 않도록 조심해야 합니다. 학습 계획과 목표를 부모님이 모두 설정해주는 방식은 자녀를 수동적인 학습자로 만들 위험이 있습니다. 스스로 학습의 주체가 되지 못한 학생은 목표를 이루지 못했을 때 좌절감을 느끼며 부모님의 기대에 부응하지 못하는 죄책감을 느끼게 됩니다. 이 과정이 반복되면 학습은 흥미를 잃고 부담으로 전락할 수 있습니다.

부모님이 자녀의 학습을 도울 때 가장 먼저 할 일은 자녀가 스스로 학습 방향을 설정하고 그 과정에서 작은 성공을 경험할 수 있는 환경을 조성하는 것입니다. 수현이의 경우, 부모님이 모든 계획을 세워주는 대신 기본적인 가이드라인만 제시하고 나머지는 수현이가 스스로 결정할 수 있도록 했다면 어땠을까요? 재민이 역시 학습 계획을 부모님과 함께 논의하며 자신의 의견을 반영할 기회를 가졌다면 공부는 단순히 부모님의 지시를 따르는 일이 아니라 자신의 목표를 이루기 위한 과정으로 느껴졌을 것입니다.

부모님의 기대와 자율성이 조화를 이루려면 몇 가지 중요한 원칙을 기억해야 합니다.

첫째, 자녀에게 선택의 기회를 주는 것입니다. 학습 주제를 선택하거나 목표를 설정할 때 자녀가 자신의 의견을 반영할 수 있도록 해야 합니다.

둘째, 자녀가 실패를 경험했을 때 이를 비난하기보다는 학습의 한 과정으로 받아들이는 태도가 필요합니다. 실패를 통해 배우는 법을 알게 되면 자녀는 점점 더 큰 자신감을 가지게 됩니다.

셋째, 자녀가 스스로 설정한 목표를 이루기 위해 노력하는 과정을 격려하고 지지하는 것입니다. 부모님의 기대는 자녀가 자신의 목표를 설정하고 이를 이루기 위해 노력할 수 있는 방향을 제시하는 데 초점을 맞춰야 합니다.

학습에서 자율성을 경험하는 것은 학생들에게 단순히 성적 향상의 기회를 제공하는 것을 넘어, 자기 자신을 이해하고 성장할 기회를 줍니다. 자율성을 가진 학습은 학생의 자신감과 문제 해결 능력, 창의력을 키워주는 과정입니다. "나는 해낼 수 있다"는 믿음을 가진 학생은 실패를 두려워하지 않고, 실패 속에서도 배우며 더 큰 목표를 향해 나아갈 수 있습니다.

부모님은 자녀의 학습에서 지지자로서 해야 할 역할을 자각하며 자녀가 학습의 주체가 될 수 있도록 환경을 조성해주시기를 바랍니다. 부모님의 기대와 자율성이 균형을 이루는 환경에서 자녀는 학습을 통해 자신감을 얻고 더 나아가 자기주도적 학습자로 성장할 수 있을 것입니다. 학습은 단순히 성적을 위한 노력이 아니라, 자녀가 자신의 가능성을 발견하고 미래를 설계하는 중요한 과정임을 기억하며 따뜻한 응원을 보내주세요.

공부가 실패를 용납하지 않는 영역이라고 생각한다

공부를 실패로부터 완전히 자유로운 영역으로 생각하는 사람은 많지 않을 것입니다. 특히 대한민국의 교육 환경과 같이 시험 점수, 등수, 목표 대학 등 명확한 성과를 요구받는 구조 속에서 실패는 피해야 할 일, 부끄러운 일, 또는 극복해야 할 문제로 간주됩니다. 이런 분위기 속에서 학생은 공부를 단순히 결과로만 판단하며 실패를 두려워하게 됩니다. 하지만 실패를 용납하지 않는 태도는 학습의 본질을 잃게 만들고 오히려 성장을 가로막는 요인이 될 수 있습니다.

　고등학교 2학년인 소민(가명)이는 모의고사를 준비하며 많은 압박감을 느끼고 있었습니다. 몇 주 전 있었던 수학 시험에서 기대 이하의 점수를 받은 후 그녀는 자신감이 크게 떨어졌습니다. '이번 시험에서도 또 실패하면 어떻게 하지?'라는 생각에 공부를 시작하기조차 두려워했습니다. 부모님 역시 소민이에게 "열심히 했는데, 왜 이런 결과가 나왔을까?"라며 걱정 섞인 말을 건넸습니다. 소민이는 실패에 대한 두려움 때문에 점점 더 자신의 능력을 의심하게 되었고, 시험은 실력을 평가하기보다 실수를 드러내는 무대처럼 느껴지기 시작했습니다.

　하지만 공부는 원래 실패를 통해 배우고 성장하는 과정이어야 합니다. 실패는 단순히 끝이 아니라, 자신이 부족했던 부분을 발견하고 이를 개선할 기회가 됩니다. 심리학자 캐럴 드웩은 "고정 마인드셋fixed mindset"과 "성장 마인드셋growth mindset"의 차이를 이야기하며 "실패를 두려워하는 고정된 사고방식은 학습의 가능성을 제한한다"라고 말합니다. 반면, 실패를 성장의 일부로 받아들이는 사고방식은 학생들에게 더 많은 시도와 도전을 가능하게 합니다. 실패를 용납하지 않는 학습 환경은 고정 마인드셋을 강화하고 결과적으로 학생이 더 깊이 있는 학습을 경험하지 못하게 만듭니다.

실패를 두려워하지 않으려면 먼저 실패에 대한 정의를 바꿔야 합니다. 고등학교 1학년인 은서(가명)는 학습 코칭을 통해 '실패는 내가 못한다는 증거가 아니라, 내가 배우고 있다는 과정의 일부'라고 생각하기 시작했습니다. 은서는 과학 과목의 실험 문제에서 실수했지만 그 실수를 통해 실험 절차의 의미와 중요성을 더 깊이 이해할 수 있었습니다. 이 경험은 단순히 점수를 높이는 것 이상의 가치를 지닌 학습이었습니다. 은서는 실패를 통해 자신이 무엇을 몰랐는지 깨닫고, 이를 학습의 기회로 삼을 수 있었습니다.

─────○ 실패를 두려워하면 성장하지 못한다

하지만 많은 학생들은 실패를 회피하려는 경향을 보입니다. 잘못된 답을 적거나 낮은 점수를 받는 것이 두려워 무리하게 쉬운 문제만 고르거나 학습 자체를 미루기도 합니다. 이는 실패를 단순히 부정적인 것으로 간주하기 때문에 발생하는 현상입니다. 부모님도 마찬가지입니다. 자녀가 시험에서 낮은 점수를 받았을 때 이를 '노력 부족'으로만 해석하거나, 지나치게 결과 중심으로 접근하면 자녀는 더 큰 부담을 느끼게 됩니다. 결국, 실패에 대한 두려움은 학생이 학습 과정에서 도전하고 성장할 기회를 스스로 제한하는 결과로 이어집니다.

실패는 학습의 자연스러운 일부입니다. 성공은 실패를 기반으로 쌓이는 것이며 실패를 두려워하지 않고 이를 받아들일 때 학습은 비로소 깊이를 가지게 됩니다. 실패가 학습의 일부임을 받아들이는 환경에서는 학생들이 더 자유롭게 도전하고 창의적인 방법으로 문제를 해결하며, 자신만의 속도로 성장할 수 있습니다. 실패를 통해 배우는 아이는 점수가 아닌 자신의 성취를 기준으로 성장의 의미를 재정립하게 됩니다.

부모님이 실패를 바라보는 태도 역시 중요합니다. 실패는 자녀가 '이제 더 잘할 방법을 배웠다'는 신호로 볼 수 있습니다. 시험 결과가 나오면 점수에 초점을 맞추기보다, 아이가 어떤 부분에서 어려움을 느꼈고, 이를 어떻게 해결할 수 있을지 대화를 나누는 것이 필요합니다. "오늘은 네가 어떤 걸 배우고 느꼈을지 궁금하네"라는 물음은 점수를 넘어 실패를 학습의 중요한 과정으로 여길 수 있도록 도와줍니다.

공부가 실패를 용납하지 않는 영역이라고 생각하는 순간 학습은 한정된 결과에만 집중하게 됩니다. 그러나 학습은 본래 실패와 성공의 반복을 통해 이루어지는 여정입니다. 실패를 성장의 기회로 바라보는 태도가 있을 때, 학생들은 성적 그 이상을 경험하며 진정한 자기 발전의 기회를 가질 수 있습니다. 실패를 학습의 자연스러운 일부로 받아들이는 환경을 조성하는 것이야말로 자녀가 공부와 삶의 도전에서 더 큰 가능성을 발견하도록 돕는 가장 중요한 시작점입니다.

3장

성공적인 공부법을 위해
워밍업 먼저 하라

1 공부의 첫걸음, 동기부터 시작하라

"우리 아이가 스스로 공부할 수 있을까요?" 많은 부모님이 한 번쯤 던져본 질문일 것입니다. 자녀가 자발적으로 책을 펴고 계획을 세우며 집중하는 모습을 기대하지만, 현실에서는 이러한 모습이 잘 보이지 않아 걱정이 앞섭니다.

그러나 자발적으로 공부하는 학생들조차 처음부터 그러하지는 않았습니다. 공부를 향한 자발성은 단순히 타고나는 성향이 아니라 학습 동기를 통해 서서히 길러지는 것입니다. 공부를 시작하는 첫걸음은 바로 '동기'에서 시작됩니다. 학생들이 '왜 공부를 해야 하는지'를 명확히 이해하고, 스스로 동기를 찾을 때 비로소 공부는 의미 있는 여정이 됩니다.

───────○ 동기가 학습의 방향을 결정한다

학습 동기는 학생이 공부를 단순히 의무로 느끼는 것을 넘어 자기 자신을 위한 활동으로 인식하도록 만드는 핵심 요소입니다. 예를 들어, 중학교 2학년 세희(가명)는 매일 학원 숙제를 하고 시험 준비를 하지만 정작 자신이 왜 공부를 해야 하는지 몰랐습니다. 코칭을 통해 "진로를 위해서"라는 모호한 답변 대신, 자신이 꿈꾸는 직업을 구체화하고 이를 위해 필요한 과정을 살펴보는 시간을 가졌습니다. 세희는 그 과정에서 '내가 원하는 대학에 가려면 영어와 수학 실력이 꼭 필요하다'는 사실을 깨달았습니다. 이후로 세희는 학습을 단순한 의무로 대하지 않고 목표를 향한 준비 과정으로 여겼습니다. 수학 문제를 풀 때조차 '이 것이 내가 원하는 길의 초석이 된다'는 마음으로 접근하면서 스스로 동기를 부여하는 힘을 갖게 되었습니다.

동기는 단순히 결과를 위한 도구가 아니라, 공부라는 과정 전체를 지탱하는 원동력입니다. 교육심리학자 라이언Richard Ryan 과 데시는 『자기결정이론』을 통해 동기가 인간의 행동 지속성과 성취에 미치는 중요성을 강조했습니다. 특히 내적 동기intrinsic motivation는 학생이 스스로 학습의 필요성을 느끼고 주도적으로 참여하도록 만드는 데 핵심적인 역할을 합니다. 학생들이 '왜 공부해야 하는지'에 대한 답을 스스로 찾는 순간 학습은 더 이상 외적인 요구가 아니라 자기의 성장 과정으로 변하게 됩니다.

────○ 작은 성공이 자발적 동기를 강화한다

학생이 학습의 중요성을 인지하더라도 이를 지속적으로 이어가는 것은 쉬운 일이 아닙니다. 많은 학생이 막연히 '더 열심히 해야겠다'는 생각은 하지만 구체적인 실천 단계에서 좌절을 경험하곤 합니다. 이때 필요한 것이 바로 작은 성공의 경험입니다. 작은 성공은 학생이 자신감을 얻고 꾸준히 학습을 이어갈 수 있는 발판을 제공합니다. 예를 들어, 고등학교 1학년 승주(가명)는 공부 계획을 세우는 데 어려움을 겪고 있었습니다. "어디서부터 시작해야 할지 모르겠어요"라는 승주에게 하루에 수학 문제 3개 풀기와 같은 작고 실현 가능한 목표를 설정하도록 조언했습니다. 처음에는 이 작은 목표마저 버겁게 느껴졌지만, 몇 주가 지나자, 승주는 "하루에 3개를 푸는 건 이제 어렵지 않아요. 조금 더 풀어볼까 해요"라며 목표를 스스로 확대해 나갔습니다. 이러한 작은 성공의 경험은 승주에게 자신감을 심어주었고 학습의 지속성을 유지하는 데 중요한 역할을 했습니다.

부모님은 자녀가 작은 성공을 경험할 수 있도록 지지해주는 역할을 해야 합니다. "왜 이 정도밖에 못했어?"라는 부정적인 피드백은 학생의 자발성을 꺾지만, "조금씩 해내는 모습이 대단하구나"라는 칭찬은 자녀가 학습 과정에서 성취감을 느끼도록 돕습니다. 학습은 단번에 완성되지 않으며 작은 걸음의 누적이 큰 변화를 만들어냅니다.

──────○ 학습 환경이 동기를 좌우한다

학습 동기를 강화하는 데 있어 환경의 중요성도 간과할 수 없습니다. 학생들은 자신에게 맞는 환경을 찾을 때 집중력과 학습 지속성이 크게 향상됩니다. 고등학교 2학년 유정이(가명)는 집에서 공부를 시작하려 할 때마다 스마트폰에 손이 가는 문제를 겪었습니다. 스마트폰을 다른 방에 두고 필요한 책과 필기구만 책상 위에 남겨두는 단순한 변화만으로도 유정이는 집중 시간을 늘릴 수 있었습니다. 그는 "처음에는 스마트폰 없이 공부하는 게 불편했지만, 이제는 공부에 몰입할 수 있는 시간이 늘어 기분이 좋아요"라며 작은 환경 변화가 학습 동기를 높였다고 이야기했습니다.

반면, 지나치게 조용한 환경이 오히려 집중력을 떨어뜨리는 경우도 있습니다. 도서관의 고요한 분위기보다 약간의 배경 소음이 있는 카페에서 공부하는 것이 더 효과적인 학생들도 있습니다. 학생마다 학습 스타일이 다르기 때문에 자신에게 맞는 환경을 실험하고 찾아가는 과정이 필요합니다. 부모님은 자녀가 스스로에게 맞는 환경을 조성할 수 있도록 다양한 가능성을 열어주어야 합니다.

──────○ 동기는 꾸준한 학습의 원동력이다

자발적 공부를 위해 가장 중요한 것은 학생 스스로 동기를 강화하는 경험을 쌓는 것입니다. 동기가 학습의 시작점이자 지속성의 원동력이라는 점에서 부모님은 자녀가 학습의 의미를 발견하고 작은 성공을 통해 자신감을 키울 수 있도록 돕는 역할을 해야 합니다. 동기를 강화하는 과정은 단순히 학습 시간을 늘리는 것이 아니라 학생이 스스로 목표와 학습 과정을 연결 짓는 데 초점을 맞춥니다.

"왜 공부를 해야 하지?"라는 질문에 대한 답을 스스로 찾는 순간 자녀의 학습 태도는 변하기 시작합니다. 작은 성공이 쌓일수록 자녀는 자신을 더 긍정적으로 인식하게 되며 학습이 의무가 아닌 자신을 성장시키는 과정임을 깨닫게 됩니다. 오늘, 자녀가 책상에 앉아 단 한 문제라도 풀었다면 그것은 자발적 공부를 향한 첫걸음입니다. 부모님의 응원과 지지는 자녀가 이 작은 걸음을 꾸준히 이어갈 수 있는 가장 강력한 동기가 될 것입니다.

2. 나에게 맞는 학습 조건을 찾아라

"공부가 잘 안돼요. 저는 공부를 못하는 사람인가 봐요." 고등학교 1학년 윤지(가명)는 코칭을 받으러 와서 이렇게 말했습니다. 책상 앞에서 긴 시간을 보내도 성적이 오르지 않으니 자신의 능력에 문제가 있다고 생각한 겁니다. 그러나 이야기를 나누면서 밝혀진 문제는 윤지 자신이 아니었습니다. 자신에게 맞는 학습 환경과 조건을 찾지 못한 채 공부 시간을 늘리기만 했던 것이 문제였습니다.

윤지는 수업이 끝난 뒤 집에서 공부하려고 했지만 동생의 떠드는 소리와 부모님의 TV 소리가 집중을 방해했습니다. "어디에서 공부해야 할지 모르겠어요. 도서관도 너무 조용해서 불편하고, 카페는 산만한 것 같아요." 많은 학생이 윤지처럼 자신에게 맞는 학습 조건을 탐구하지 않고 단순히 남들이 추천하는 방식을 따라하다 어려움을 겪습니다. 그러나 학습 조건은 개인마다 다릅니다. 자기에게 가장 적합한 환경과 방법을 찾는 것이 자기주도 학습의 시작입니다.

───────○ 스스로 탐구하는 학습 조건

윤지는 학습 코칭을 통해 자신의 학습 조건을 탐구하기 시작했습니다.

"어느 시간대에 가장 머리가 맑아지는지 생각해본 적 있나요?"

"집에서 집중이 안 된다면, 도서관, 카페, 학교 자습실 중 어디가 가장 나을까요?"

"완벽히 조용한 곳이 편한가요, 아니면 약간의 배경 소음이 있는 곳이 더 좋은가요?"

이런 질문들을 통해 윤지는 자신을 돌아보고 실험해보는 과정을 시작했습니다. 그녀는 아침보다는 저녁 시간대에 더 집중력이 높아지고 완전한 침묵보다는 약간의 소음이 있는 카페에서 공부가 더 잘된다는 사실을 발견했습니다.

이를 바탕으로 그는 다음과 같은 변화를 시도했습니다.

· 시간 관리: 오전 시간대에는 가벼운 복습이나 정리를, 저녁 시간대에는 집중이 가장 필요한 주요 과목 공부를 배치했습니다.
· 공간 활용: 집에서 집중이 안 되는 날에는 가까운 카페나 도서관으로 장소를 옮겼습니다.

윤지는 이렇게 말했습니다. "이제는 어디에서, 언제 공부해야 할지 조금 알 것 같아요. 덜 막막하고, 공부가 조금은 쉬워진 느낌이에요."

────○ 학습 조건 탐구의 구체적인 과정

학습 조건을 찾는 과정은 쉽지 않습니다. 처음부터 자신에게 맞는 시간을 찾거나 적합한 공간을 결정하기 어려울 수 있습니다. 하지만 시행착오를 겪으며 조금씩 조율해가는 것이 중요합니다.

1) 시간의 패턴 발견하기

모든 학생이 아침에 집중력이 높을 거라는 생각은 편견일 수 있습니다. 생체 리듬에 따라 아침형 인간과 저녁형 인간이 다르기 때문입니다. 하루 중 졸리거나 효율이 떨어지는 시간을 파악하고, 그 시간대를 피해 주요 학습을 배치하는 전략이 필요합니다.

2) 공간의 다양성 탐구하기

집, 도서관, 카페, 학교 자습실 등 다양한 공간에서 공부를 시도하며 자신에게 맞는 장소를 찾아야 합니다. 윤지처럼 약간의 소음이 도움이 되는 학생도 있고, 완벽한 침묵이 필요한 학생도 있습니다.

3) 학습 도구의 조화 찾기

디지털 기기와 종이 노트를 조합해보는 등 다양한 도구를 활용해 자신에게 가장 효율적인 조합을 찾아야 합니다.

4) 시험 기간의 환경 조율

시험 기간이나 긴장되는 순간에는 평소와 다른 환경이 필요할 수 있습니다. 예를 들어, 시험 전날에는 밤늦게 집중이 잘되는 시간에 주요 과목을 복습하거나, 낮 시간대에 졸음을 극복할 수 있는 산책 시간을 추가하는 것도 방법입니다.

5) 자신만의 학습 리듬 발견하기

일부 학생은 큰 소리로 자신에게 설명하며 학습하는 것이 효과적입니다. 자신의 학습 패턴을 발견하려면 다양한 방법을 시도하고 그 결과를 기록하며 분석해보는 것이 중요합니다.

학부모의 역할은 자녀가 자신에게 맞는 환경을 찾아가는 과정을 격려하고 기다려주는 데 있습니다. 자녀가 집에서 공부하기 어려운 날에는 스스로 다른 공간을 선택해보도록 격려하거나, 특정 시간대에 더 잘 집중하는 모습을 관찰한 뒤 간단히 칭찬과 응원을 건넬 수 있습니다. "저녁 시간에 집중해서 공부하는 모습을 보니 정말 대견해. 네가 가장 잘 몰입할 수 있는 시간을 찾은 것 같아." 이처럼 자녀가 자신만의 방법을 찾는 과정에 신뢰와 지지를 보내는 것이 중요합니다.

학습 조건을 찾는 과정은 단순히 성적을 올리는 것을 넘어 자녀가 학습의 주체로 성장하는 데 필수적인 여정입니다. 자신에게 맞는 시간과 공간, 도구를 찾아가는 과정에서 학생들은 스스로를 이해하고 자신만의 학습 방식을 만들어갑니다.

공부는 단순히 성적을 올리는 활동이 아니라 자신을 발견하고 이해하는 과정입니다. 자녀가 스스로 가장 편안하고 효과적으로 학습할 수 있는 조건을 찾는 여정을 응원해주세요. 그 과정에서 얻게 될 자신감과 성취감이 단단한 자기주도 학습의 기초가 되어줄 것입니다.

오늘, 자녀가 어떤 방식으로 성장하고 있는지 함께 지켜보는 건 어떨까요?

3 꾸준함을 위해
루틴을 만들어라

"우리 아이는 왜 꾸준히 공부하지 못할까요?"

부모님들이 학습 코칭을 받으며 가장 많이 묻는 질문입니다. 학습의 꾸준함은 단순히 의지력이나 노력만으로 이루어지지 않습니다. 꾸준함의 열쇠는 바로 루틴입니다. 루틴은 단순히 반복적인 행동이 아니라 행동을 자동화하고 학습의 효율성을 높이며 성취감을 꾸준히 쌓아가는 데 핵심적인 역할을 합니다.

뇌과학적으로도 루틴은 학습에서 강력한 도구로 작용합니다. 스탠퍼드 대학교의 앤드류 허버먼 박사는 "루틴은 뇌의 전두엽 Prefrontal Cortex 활동을 최적화해 에너지 낭비를 줄이고 특정 행동을 자동화하도록 한다"라고 설명합니다. 전두엽은 집중과 계획, 판단을 담당하는 영역입니다. 학생이 일정한 시간에 공부를 시작하는 루틴을 가지게 되면 뇌는 매번 '공부할까 말까?' 고민하지 않고 자연스럽게 공부 상태로 전환됩니다.

────○ 루틴이 만드는 변화

고등학교 1학년 선영(가명)이는 매일 다른 시간에 공부를 시작하고 어떤 과목을 공부할지 고민하는 데 많은 시간을 쓰며 피로감을 느끼던 학생이었습니다. 그녀는 "공부를 시작하기 전부터 너무 많은 생각을 하다 보니, 막상 시작하면 금세 지치고 오래하지 못해요"라고 토로했습니다. 선영이와 함께 '매일 저녁 8시부터 30분 동안 영어 단어 외우기'라는 작은 루틴을 설계했습니다. 그녀는 처음에는 "30분만으로는 부족하지 않을까요?"라며 의구심을 가졌지만 몇 주 후 이렇게 말했습니다. "이제는 8시가 되면 자연스럽게 영어책을 펴요. 따로 고민하지 않아도 몸이 알아서 움직이는 것 같아요." 선영이는 매일 같은 시간, 같은 행동을 반복하며 루틴이 주는 안정감과 집중력을 체감할 수 있었습니다.

루틴은 단순히 행동을 반복하는 것을 넘어 학생의 에너지 사용 방식을 효율화합니다. 특정 시간대와 장소에서 공부를 시작하는 루틴은 뇌의 신경 회로를 강화해 산만함을 줄이고 몰입 상태를 유지할 수 있도록 돕습니다.

루틴의 가장 큰 장점은 작은 성공을 반복적으로 경험할 수 있게 한다는 점입니다. 작은 성공은 자기 효능감을 강화하고, 이는 학습의 꾸준함을 유지하는 강력한 원동력이 됩니다. 자기 효능감이란 스스로 어떤 일을 해낼 수 있다는 믿음을 말합니다.

──────○ 작은 루틴이 큰 꾸준함을 만든다

중학교 3학년 혜영(가명)이와 함께 '매일 수학 문제를 3개 풀자'는 작은 루틴을 설정했습니다. 그녀는 처음에 "3개로는 부족하지 않을까요?"라고 물었지만, 목표를 꾸준히 지켜나가는 경험을 통해 점차 성취감을 느끼기 시작했습니다. 몇 주 후 그녀는 "3개를 매일 풀다 보니 이제는 그 이상도 어렵지 않아요. 점점 더 많은 문제를 풀고 싶어졌어요"라고 말했습니다.

루틴은 단순히 학습 효율을 높이는 것을 넘어, 학생이 성취감을 누적하며 점차 더 큰 목표를 설정하고 도전하도록 돕습니다. 작은 루틴은 꾸준함을 만들어내는 가장 강력한 도구임을 보여줍니다.

많은 부모님이 종종 루틴을 강제로 정해주는 실수를 하곤 합니다. 루틴은 학생이 스스로 느끼고 선택하며 설계해야 효과를 발휘합니다. 강요로 만들어진 루틴은 스트레스를 유발하지만, 학생이 스스로 정한 루틴은 자율성과 동기를 동시에 제공합니다. 예를 들어, 한 부모님은 자녀에게 '매일 저녁 2시간씩 공부하라'고 지시했지만, 학생은 점차 공부를 거부하게 되었습니다. 상담을 통해 "어떤 시간이 너에게 가장 편할 것 같니?"라는 질문을 던졌고, 학생은 "저녁 8시부터 30분 정도라면 할 수 있을 것 같아요"라고 답했습니다. 이 작은 루틴이 점차 학습의 길이를 늘이고 성과를 만들어낸 좋은 사례였습니다.

루틴은 단순히 학습 시간을 채우는 것이 아니라 학생이 자신의 학습 패턴을 이해하고 최적화하는 과정입니다. 작은 루틴이 만들어내는 변화는 학생이 학습을 넘어 삶의 다른 영역에서도 자기주도성과 책임감을 키우도록 돕습니다.

자녀가 루틴을 통해 꾸준히 공부하는 모습을 지켜보며 부모님은 '작은 변화가 얼마나 큰 성과를 만들어내는지'를 함께 경험할 수 있을 것입니다. 자녀와 함께 작은 루틴을 설계해보세요. 하루 30분씩의 작은 루틴이 결국 큰 변화를 만들어낼 것입니다. 작은 시작이 큰 변화를 만듭니다.

4

목표를 설정하고
성취를 기록하라

"우리 아이는 공부하는 데에 많은 시간과 노력을 쏟았는데도 왜 성적이 그대로일까요?"

이 질문의 이면에는 목표 설정과 성취 기록이 결여된 경우가 많습니다. 목표 없는 학습은 마치 목적지 없는 여행과 같습니다. 어디로 가야 할지 모른 채 길을 떠나면 방향을 잃기 쉽고 노력의 성과를 확인할 기회조차 갖지 못합니다. 목표를 설정하고 이를 기록하는 과정은 아이가 자신의 학습 방향을 구체화하고 성취감을 통해 지속적인 동기를 유지하는 데 필수입니다.

중학교 2학년 재인(가명)이는 학습 코칭을 받으러 왔을 때 이런 이야기를 했습니다.

"학교 숙제와 학원 과제를 다 끝내고도 내가 무얼 했는지 모르겠어요. 다음 시험에서 뭘 더 준비해야 할지도 막막하고요."
재인이는 매일 과제를 하느라 바쁜 일상을 보내고 있었지만 정작 자신이 무엇을 위해 공부하고 있는지 알지 못했습니다. 그의 문제는 단순히 공부량이 부족해서가 아니라, 학습의 우선순위와 방향성을 설정하지 못한 데 있었습니다.

목표 설정은 아이가 자신의 현재 위치를 이해하고 다음 단계로 나아갈 방향을 정하는 나침반과도 같습니다. 이를테면, 재인이에게 "다음 시험에서 1등급을 맞자"와 같은 추상적인 목표는 너무 멀게 느껴졌습니다. 대신, "이번 주에는 확률 문제를 집중적으로 연습해보자"라는 구체적이고 실행할 수 있는 목표를 제안했습니다. 이렇게 구체화한 목표는 아이가 학습 방향을 명확히 하고, 성취감을 느낄 수 있는 첫걸음이 됩니다.

목표를 설정했다면 다음 단계는 그 과정을 기록하는 일입니다. 성취 기록은 단순히 결과를 확인하는 것이 아니라, 자신의 학습 패턴을 돌아보고 어떤 방식이 자신에게 가장 효과적인지를 파악할 기회를 제공합니다.

초등학교 6학년 의준(가명)이는 영어 단어를 외우는 데 큰 어려움을 겪고 있었습니다. "외워도 자꾸 잊어버리니까, 공부가 재미없어요." 의준이와 함께 단순한 단어 암기가 아닌, 단어를 문장에서 사용해보기라는 목표를 세웠습니다. 그리고 단순히 외운 단어를 체크하는 방식 대신, 매일 외운 단어로 짧은 문장을 만들어 기록해보았습니다. "처음엔 그냥 외우는 게 낫지 않을까 생각했는데 지금은 내가 쓴 문장을 다시 보면 내가 이 단어들을 확실히 기억하고 있다는 게 느껴져요." 의준이는 성취 기록을 통해 자신감을 되찾았습니다. 단어 암기라는 결과뿐 아니라 자신이 만들어낸 문장이라는 창작의 흔적을 남기면서 학습의 즐거움을 느낀 것입니다.

성취 기록은 점수나 문제 풀이의 성공 여부에만 국한될 필요가 없습니다. 아이가 학습 중 느꼈던 어려움, 해결 과정에서 떠오른 생각, 심지어는 공부하면서 느낀 감정까지 적어보는 것도 좋은 방법입니다. 기록은 아이에게 단순히 '잘했다'는 확인을 넘어, 자신의 노력과 성장 과정을 돌아볼 기회를 제공합니다.

목표를 설정하고 기록하는 과정에서 가장 중요한 것은 유연성입니다. 목표는 고정된 것이 아니라, 필요에 따라 조정되고 바뀔 수 있는 것임을 가르쳐야 합니다.

중학교 1학년 세영(가명)이는 '수학에서 만점을 받겠다'는 목표를 세웠지만 곧 자신이 너무 많은 부담을 느끼고 있음을 깨날았습니다. 우리는 이 목표를 '매일 30분씩 수학 문제를 연습하며 약한 부분을 찾아보기'로 바꾸었습니다. 목표를 작게 나누고 부담을 줄이자, 세영이는 목표를 성취하지 못했을 때도 좌절하지 않고 그 이유를 분석하며 자신을 돌아보는 습관을 들이게 되었습니다.

목표가 변경될 수 있다는 사실은 실패를 두려워하지 않는 태도를 길러줍니다. 목표는 아이의 성장을 돕기 위한 도구이지, 아이를 억압하거나 스트레스를 주기 위한 것이 아닙니다.

─────○ 목표 설정과 기록, 자율성을 키우는 첫걸음

목표를 설정하고 성취를 기록하는 과정은 스스로 학습을 주도하게 해주는 가장 기본적인 도구입니다. 이 과정에서 아이는 자신의 약점과 강점을 스스로 파악하고 성장 방향을 설정하는 법

을 배웁니다.

오늘 자녀와 함께 목표 설정과 성취 기록의 중요성에 관해 이야기해보세요. 결과뿐 아니라 학습 과정에서의 작은 발견과 변화를 함께 기록하며 나누는 것도 좋습니다.

공부는 단순히 성적을 올리는 활동이 아니라 자신을 이해하고 성장하는 여정입니다. 자녀가 이 여정에서 길을 잃지 않도록 목표와 기록이라는 나침반을 쥐여주세요. 이는 아이가 단순한 학생을 넘어 스스로를 주도적으로 성장시키는 성숙한 학습자로 나아가는 데 큰 힘이 될 것입니다.

5 학습에 대한
긍정적 마인드셋으로 무장하라

요즘 많은 부모님들이 "우리 아이가 공부를 싫어해요. 어떻게 하면 공부를 좋아하게 만들 수 있을까요?"라는 고민을 가지고 질문을 합니다. 최근 AI 기술의 발전과 급변하는 사회 환경 속에서 학습의 중요성은 그 어느 때보다 강조되고 있습니다. 하지만 정작 아이들은 학습을 단순히 '힘든 일'로 여기는 경우가 많습니다. 공부에 대한 부정적인 태도는 단순히 성적을 저하할 뿐만 아니라 아이들의 자신감과 장기적인 성장에도 부정적인 영향을 미칩니다.

그렇다면 아이가 학습에 대해 긍정적인 태도를 가지도록 도울 방법은 무엇일까요? 이를 위해 학습에 대한 부정적 태도가 형성되는 이유를 이해하고, 긍정적인 방향으로 변화시킬 수 있는 실질적인 방법들을 알아보겠습니다.

─────○ 부정적 태도의 원인: 실패와 비교의 무게

아이들이 학습에 부정적인 태도를 가지게 되는 주요 이유 중 하나는 실패와 비교로 인한 좌절감입니다. 고등학교 1학년 재운 (가명)이는 수학을 "가장 싫어하는 과목"이라고 말했습니다. 매 시험마다 낮은 점수를 받고 선생님의 피드백에서도 칭찬보다는 지적을 받다 보니 점차 자신감을 잃게 된 것입니다. "옆집 친구는 이번에 몇 점을 받았다는데"라는 부모님의 비교는 재운이의 마음에 더 큰 상처를 남겼습니다.

이처럼, 실패를 곧 '나는 안 된다'는 결론으로 연결하거나 친구들과의 비교를 통해 학습이 불쾌한 경험으로 각인되면 아이는 학습 자체를 회피하게 됩니다. 결과적으로 부정적인 태도는 학습의 모든 과정을 막는 장애물로 작용합니다.

긍정적인 학습 태도를 형성하기 위해서는 실패를 학습의 일부로 받아들이는 자세가 중요합니다. 재운이의 사례에서 수학 공책에 가득했던 빨간 오답 표시를 '실수'에서 '성장 기회'로 전환하는 작업을 시작했습니다. 학습 코칭을 통해 재운이는 오답 노트를 작성하며 틀린 이유를 분석하고, 비슷한 문제를 다시 풀어보는 과정을 배웠습니다.

몇 주 후, 재운이는 이렇게 말했습니다. "처음에는 틀린 문제를 다시 보는 게 싫었어요. 그런데 왜 틀렸는지 알게 되니까 비슷한 문제가 나오면 맞힐 수 있더라고요."

이 경험은 재운이에게 '틀린 문제도 배움의 과정'이라는 사실을 알려주었고 수학에 대한 두려움을 서서히 극복하도록 도왔습니다. 이처럼 실패를 학습의 일부로 받아들이는 경험은 학생에게 긍정적인 태도를 형성하는 첫걸음이 됩니다.

긍정적인 태도를 유지하기 위해 중요한 또 다른 요소는 작은 성공의 반복입니다. 성공은 자신감을 높이고 더 큰 도전으로 나아갈 수 있는 동기를 제공합니다. 중학교 2학년 시후(가명)는 영어 독해를 어려워하며 학습 자체를 회피했습니다. 긴 문장을 보면 첫 문장에서 막히고 결국 포기하곤 했습니다.

학습 코칭에서 우리는 하루 한 문단씩 해석하는 작은 목표를 설정했습니다. 시후는 처음에는 "이게 도움이 될까요?"라며 의문을 가졌지만, 매일 한 문단씩 해석하면서 점차 긴 문장도 자연스럽게 읽을 수 있게 됐습니다. "선생님, 처음에는 너무 어려웠는데 이제는 읽는 게 재미있어졌어요." 시후의 작은 성공은 그가 영어에 대한 자신감을 가지는 계기가 되었고 긍정적인 태도를 형성하는 데 결정적인 역할을 했습니다.

─────○ 학습 환경과 부모의 역할

학습에 대한 긍정적인 태도는 아이 혼자만의 노력으로 만들기 어렵습니다. 부모님의 격려와 지지가 자녀의 태도 변화를 이끄는 중요한 역할을 합니다. 그러나 이 과정에서 부모님이 주의해야 할 점도 있습니다.

"너 정말 잘했어! 넌 최고야!"와 같은 과도한 칭찬은 단기적으로는 자녀의 기분을 좋게 만들 수 있지만 장기적으로는 자녀가 부담을 느끼거나 작은 실패에도 쉽게 좌절하게 만들 수 있습니다. 대신, 아이의 노력과 과정을 칭찬하는 것이 중요합니다. 예를 들어 "이번에 틀린 문제를 오답 노트에 정리한 거 정말 멋지다. 다음엔 더 잘할 수 있을 거야." 이렇게요. "다음 시험에서 전교 1등 해야지"와 같은 비현실적인 기대는 오히려 자녀를 압박하게 됩니다. 작은 목표부터 시작해 점차 확장하는 방식이 효과적입니다. "이번 주에는 영어 단어 20개만 외워보자. 그게 쌓이면 시험 준비도 쉬워질 거야"처럼 말이죠.

부모님이 독서하거나 새로운 것을 배우는 모습을 보여주는 것만으로도 자녀는 학습을 평생 지속할 가치 있는 과정으로 받아들일 수 있습니다.

──────○ 긍정적 태도가 주는 변화

학습에 대한 긍정적인 태도에서 얻는 이점은 단순히 성적 향상에 그치지 않습니다. 이는 아이가 새로운 도전을 두려워하지 않고 학습을 통해 스스로 성장할 수 있다는 믿음을 가지도록 돕습니다. 긍정적인 태도를 가진 아이는 어려움을 극복하며 자율적으로 목표를 설정하고 이를 달성하는 방법을 배웁니다.

오늘부터 자녀와 함께 학습에 관해 이야기해보세요. "이번 문제를 풀면서 가장 어렵게 느껴졌던 부분은 뭐였을까?"라는 질문은 단순한 성적 평가를 넘어 아이의 태도를 긍정적으로 바꿀 수 있는 시작점이 될 것입니다. 작은 실패와 성공을 함께 나누는 대화를 통해, 아이는 학습을 단순히 '해야 하는 일'이 아니라,

'스스로 성장할 기회'로 받아들이게 될 것입니다.

긍정적인 학습 태도는 아이가 자기주도 학습의 길로 나아가는 중요한 밑거름입니다. 오늘, 자녀의 긍정적인 변화를 응원하며 함께 걸어가보세요.

6 나만의 피드백 루틴을 만들어라

"왜 이렇게 같은 실수를 계속 반복할까?"

중학교 3학년 민정(가명)이는 시험이 끝난 후 성적표를 들고 한숨을 쉬었습니다. 열심히 공부했지만, 결과는 늘 제자리걸음이었습니다. "나는 공부 머리가 나쁜가 봐요. 아무리 해도 소용이 없어요." 민정이의 이 말은 부모님들에게도 익숙할 것입니다. 문제는 공부량이 아니라 자신의 실수를 돌아보지 않고 부족한 부분을 보완하지 못한 채 다음 시험 준비에 돌입한다는 데 있었습니다. 이런 반복은 민정이를 좌절시키고 학습의 의미를 퇴색시키는 주요 원인이 되었습니다.

학습에서 가장 중요한 단계는 공부를 끝내는 것이 아니라 공부를 되돌아보는 것입니다. 자가 피드백은 단순히 틀린 문제를 분석하는 것을 넘어, 학습을 마무리하고 다음 단계로 나아가기 위한 발판이 됩니다. 심리학자 캐럴 드웩은 성장 마인드셋Growth Mindset의 중요성을 강조하며 실패를 학습 과정의 일부로 받아들이는 태도가 성공적인 학습의 핵심이라고 말합니다.

민정이는 코칭을 통해 자신의 실수를 점검하는 피드백 노트를 작성하기 시작했습니다. 처음에는 "제 실수를 보는 게 부끄러워요"라며 주저했지만, 시험 후 틀린 문제를 다시 풀어보고 "왜 틀렸는지"를 기록하며 개선 방안을 고민했습니다.

그 결과, 민정이는 학습 과정에서 자신의 패턴을 이해하기 시작했습니다. 예를 들어, 그는 '문제를 너무 급하게 풀었다'는 점을 발견하고 문제를 푼 후 다시 검토하는 습관을 들였습니다. 이러한 과정은 민정이에게 자신감을 심어주었고 시험에서 점차 실수를 줄이는 변화를 불러왔습니다.

─────○ 뇌과학이 말하는 자가 피드백의 효과

뇌과학적으로 자가 피드백은 학습 효율을 극대화하는 도구로 작용합니다. 전두엽은 문제 해결, 계획 수립, 실수 교정과 같은 인지 과정을 담당하며 피드백 과정에서 활성화됩니다. 뉴욕 대학교의 연구에 따르면, 학생들이 자신의 실수를 분석하고 교정할 때 뇌의 보상 시스템이 활성화되어 도파민Dopamine이 분비됩니다. 이는 성취감을 느끼게 하고 학습 동기를 강화하는 역할을 합니다.

민정이는 자신의 약점을 정확히 알게 되었고, 이를 보완하며 실질적인 변화를 만들어냈습니다. 반복적인 실수를 줄이며 성적뿐만 아니라 학습에 대한 태도까지 긍정적으로 바꾸었습니다.

고등학교 1학년 시환(가명)이는 수학을 어려워하는 학생 중 하나였습니다. 그는 시험마다 비슷한 유형의 문제에서 틀리곤 했지만 자신의 실수를 점검하지 않았습니다. 코칭을 통해 그는 오답을 분석하고 기록하며 개선 방안을 찾는 루틴을 시작했습니다.

처음에는 단순히 틀린 문제를 다시 보는 것도 힘들어했지만, 점차 '왜 틀렸을까?'를 고민하며 다음 시험에서 어떻게 하면 비슷한 실수를 피할 수 있을지를 구체화하기 시작했습니다. 두 달 후, 시환이는 이렇게 말했습니다. "틀린 문제를 다시 보는 게 무서웠는데, 이제는 이 과정을 통해 배울 수 있다는 걸 알게 됐어요." 피드백 루틴은 시환이에게 학습의 방향성을 제공했을 뿐만 아니라 수학에 대한 두려움을 극복하고 자신감을 회복하게 해주었습니다.

요즘 학생들은 디지털 환경에 익숙합니다. 이를 활용해 자가 피드백 과정을 자료화하면 학습 과정을 더욱 체계적으로 관리할 수 있습니다. 예를 들어, 학생들은 틀린 문제를 스마트폰이나 태블릿에 입력하고 문제 유형별로 분석한 데이터를 시각화할 수 있습니다.

고등학교 3학년 재희(가명)는 자신이 틀린 문제를 기록하고 이를 자신만의 그래프와 차트로 확인하며 "내가 가장 많이 틀리는 유형이 뭔지 이제 확실히 알겠어요"라고 말했습니다. 이처럼 자료화된 피드백은 아이들에게 명확한 학습 목표를 제공하며 학습 과정에 대한 통찰을 심어줍니다.

자가 피드백은 실수를 단순히 부정적인 결과로 보지 않고 성장의 기회로 바라보게 만듭니다. 이는 단순히 학업 성취를 높이는 데 그치지 않고, 아이가 자신감을 가지고 새로운 도전을 두려워하지 않게 만듭니다.

재희는 몇 달간 피드백 루틴을 실천하며 '실수는 배움의 시작'이라는 사실을 몸소 깨달았습니다. 그녀는 더 이상 자신의 실수를 부끄러워하지 않았고, 오히려 이를 통해 새로운 목표를 설정하며 학습의 동력을 얻었습니다. "오늘 내가 틀린 문제에서 배운 것은 무엇일까?" 이 작은 질문은 학생이 자신의 학습 과정을 주도적으로 바라볼 수 있도록 돕는 시작점이 될 것입니다. 피드백을 통해 성장하는 학생은 학습의 즐거움을 발견하고, 더 큰 목표에 도전할 자신감을 얻게 됩니다.

피드백은 단순한 점검의 과정이 아니라 자녀가 학습을 통해 스스로를 이해하고 성장의 기회를 만들어가는 강력한 도구입니다. 이제 자녀가 자신의 학습 과정을 스스로 설계할 수 있도록 작은 피드백 루틴을 만들어보세요. 작은 변화가 쌓여 큰 성과를 만들어낼 것입니다.

7 학습 외 활동과의
균형을 맞추는 힘을 길러라

"선생님, 지우가 요즘 공부도 잘 안되고, 짜증도 늘었어요. 성적은 점점 떨어지고요. 학원을 더 보내야 할까요?" 중학교 2학년 지우(가명)의 부모님은 고민 끝에 학습 코칭을 의뢰하셨습니다. 지우는 하루에 3곳의 학원에 다니며 집에서도 문제집을 풀고 또 풀며 바쁜 하루를 보냈지만, 성적은 정체 상태였습니다. 부모님은 아이가 충분히 노력하고 있음에도 왜 성과가 나오지 않는지 의아해했습니다.

지우와 대화를 나눠보니 그녀의 하루는 오직 공부로만 가득 차 있었습니다. "학교 갔다가 학원 가고, 집에 와서 공부만 해요. 친구들과 얘기할 시간도 없어요. 너무 답답해요." 지우는 학습 외 활동의 여유를 전혀 가지지 못한 채 학습 효율은 낮아지고 스트레스만 쌓여 있었습니다. 학습 외 활동이 부족할 때 아이들은 어떻게 영향을 받을까요? 그리고 균형을 맞추면 어떤 긍정적인 변화를 경험할 수 있을까요?

─────○ 공부에만 집중하면 왜 역효과가 날까?

많은 학부모님이 '공부 시간이 많으면 성적이 오를 것이다'고 생각합니다. 하지만 학습 외 활동 없이 공부에만 매달리면 아이는 점점 더 지치고 학습에 대한 흥미를 잃게 됩니다.

심리학자 바바라 프레드릭슨Barbara Fredrickson은 "긍정적 감정은 창의성과 문제 해결 능력을 높이는 데 중요한 역할을 한다"라고 말합니다. 지우의 경우처럼 반복되는 학습만으로는 감정적인 회복과 창의적 사고가 제한됩니다. 결과적으로 학습은 부담스럽고 비효율적인 일이 되고, 성과는 점점 떨어질 수밖에 없습니다.

뉴욕 대학교의 연구에 따르면, 학습 외 활동에 적극적으로 참여한 학생들은 학습 효율이 평균 25퍼센트 증가하며, 자신감을 느끼는 빈도도 두 배 이상 높아진다고 합니다. 학습 외 활동은 단순한 휴식이 아니라, 학습 과정에서 잃어버린 동기와 창의성을 회복할 수 있는 중요한 시간입니다.

학습 외 활동의 실제 사례와 효과

운동: 스트레스를 날리고 집중력을 높인 태우

고등학교 1학년 태우(가명)는 공부에 대한 극심한 스트레스로 학업을 포기하고 싶다고 했습니다. 부모님은 바쁘면 그런 생각 안 난다고 더 많은 학원과 문제집을 제공했습니다. 그러나 태우는 점점 더 지쳐갔습니다. 태우는 주 2~3회 태권도를 다시 시작해보기로 했습니다. 어릴 때 태권도를 즐겼던 그는 중학교에 진학하면서 공부를 위해 그만둬야 했던 활동을 다시 시작하면서 눈에 띄게 밝아졌습니다. "운동하고 나면 몸도 개운하고 마음도 편안해져요. 다시 책상에 앉아도 덜 답답하고요." 태우는 스트레스 해소와 뇌의 활성화를 통해 학습에 대한 흥미를 회복했고 성적도 꾸준히 상승하는 변화를 경험했습니다.

예술 활동: 그림을 통해 정서를 치유한 지우

지우는 어릴 때 그림 그리기를 좋아했지만, 학업 부담으로 오랜 시간 손을 놓고 있었습니다. 주말에 단 1시간 동안 그림을 그리는 시간을 가졌고, 이는 그녀에게 정서적 안정과 스트레스 해소를 가져다주었습니다. "그림을 그리는 동안은 마음이 편안해져요. 공부 생각도 안 나고, 끝나고 나면 머리가 맑아지는 것 같아요." 그녀는 학습 외 활동을 통해 스트레스를 덜어내며 집중력을 높이고, 성적에도 긍정적인 변화를 보였습니다.

독서: 상상력과 표현력을 키운 은지

고등학교 1학년 은지(가명)는 학습 스트레스를 독서를 통해 풀었습니다. 주말마다 소설을 읽으며, "책을 읽으면 제 머릿속에 다른 세상이 펼쳐져요"라며 독서의 즐거움을 이야기했습니다.

독서는 단순히 즐거움을 주는 것뿐 아니라 그녀의 상상력과 표현력을 풍부하게 만들어 주었습니다. 발표 과제에서도 큰 도움이 되었으며, 은지는 "책을 읽으면서 더 많은 단어를 자연스럽게 알게 됐어요"라며 만족감을 표현했습니다.

학습 외 활동은 뇌의 여러 영역을 자극하며 학습 효율을 높이는 데 도움을 줍니다. 전두엽은 집중력과 문제 해결 능력을 강화하며, 변연계Limbic System는 감정 조절과 스트레스 완화에 도움을 줍니다. 또한 도파민 분비는 긍정적인 감정을 유발하여 학습 동기를 높일 수 있습니다. 학습 외 활동을 통해 아이들은 단순히 스트레스를 해소하는 것에 그치지 않고 창의적 사고와 문제 해결 능력을 키울 수 있는 환경을 마련합니다.

학습 외 활동은 단순히 쉬는 시간이 아닙니다. 이는 자녀들이 학습과 삶의 균형을 맞추고 자신의 가능성을 새롭게 발견하는 기회를 제공합니다. 부모님이 자녀의 삶에서 학습 외 활동을 허용하고 지지하면, 자녀는 더 큰 성취와 만족감을 경험할 것입니다.

"오늘 우리 자녀는 공부 외에 무엇을 경험했을까요?"

이 질문은 자녀와의 하루를 돌아보고 더 풍요로운 내일을 준비하는 출발점이 될 수 있습니다. 학습 외 활동을 통해 자녀가 성장의 새로운 길로 나아갈 수 있도록 응원해주세요.

4장

스스로 공부하는 아이가 지키는
7가지 핵심 원칙

1 자기 이해를 통해
학습 기초 다지기

중학교 3학년 지형이(가명)는 스스로를 '공부를 못하는 학생'이라고 규정하고 있었습니다. "저는 수학이랑 영어 다 안돼요. 아무리 해도 못 따라가겠어요." 지형이는 학원에서 정해준 문제집을 매일 풀었지만 성적은 제자리였고 자신감은 점점 바닥으로 떨어졌습니다. 부모님 역시 "열심히 하는데 왜 성적이 안 나올까요?"라며 답답해했습니다.

지형이와 코칭을 시작하며 가장 먼저 한 일은 그녀가 스스로를 어떻게 바라보고 있는지 알아보는 것이었습니다. 지형이는 "다른 친구들처럼 문제를 풀어내는 속도가 느리고, 자꾸 헷갈려서 저는 안될 것 같아요"라고 말했습니다. 그녀는 자꾸 자신을 '못하는 학생'으로 여겼고 그 생각에 갇혀 있었습니다. 그러나 이런 자기 인식이 지형이의 학습에 부정적인 영향을 미친다는 사실을 깨달은 후 그녀의 자기 이해를 돕기 위해 한 단계 더 나아갔습니다.

○ 자기 이해의 중요성: 나를 알면 학습이 달라진다

많은 학생들이 자신에 대한 깊은 이해 없이 학습을 시작합니다. 그들은 친구나 학원 선생님이 추천하는 방식이 자신에게도 맞을 것이라고 생각합니다. 그러나 모든 학습 방법이 모든 학생에게 똑같이 효과적인 것은 아닙니다. 학습은 고유한 개성과 스타일이 반영될 때 가장 효과적입니다. 학생들은 자기 자신을 잘 알 때, 자신에게 맞는 학습 방법을 찾을 수 있고, 그 과정에서 학습의 즐거움도 느낄 수 있습니다.

지형이는 문제 풀이 속도나 정해진 학습 방법에 대해 불만을 가지고 있었지만 자신의 학습 스타일을 잘 모르고 있었습니다. 그녀는 학교나 학원에서 주어진 문제집을 풀기만 했고 그 외의 방법은 시도해보지 않았습니다. 그러나 지형이가 쓴 학습 노트를 살펴본 후 저는 그가 갖고 있던 시각적 학습 스타일을 발견할 수 있었습니다. 지형이는 단순히 문제를 푸는 것에 그치지 않고 개념을 구조적으로 정리하고 색깔을 사용하여 중요한 포인트를 강조하고 있었습니다. 이 방식은 단지 자신도 모르게 적용했던 시각적 학습 스타일이었습니다.

"이런 식으로 정리하면서 공부해본 적은 없어요. 그냥 학원에서 시키는 대로만 했거든요"라고 말한 지형이에게 가장 필요한 것은 자신의 강점을 인지하고, 이를 활용하는 방식으로 학습을 전환하는 것이었습니다. 지형이의 경우, 텍스트 기반 학습보다는 도식화나 그래프를 활용하는 방식이 훨씬 효과적이었습니다. 지형이는 이제 자신이 주로 시각적 자료를 통해 개념을 정리하는 데 강점을 가진다는 것을 알게 되었고 이를 바탕으로 학습을 더 효율적으로 진행하기 시작했습니다.

───○ 자기 이해가 성적 향상으로 이어지는 과정

자기 이해가 중요한 이유는 그 자체로 학습 방법에 큰 변화를 가져오기 때문입니다. 지형이는 코칭을 통해 자신의 학습 스타일을 이해하고 이를 적용하는 방법을 배웠습니다. 그녀는 문제를 풀 때마다 개념을 그림이나 표로 도식화하며 색깔로 중요한 부분을 강조하여 기억의 효율성을 높였습니다. 이를 통해 그녀는 단순히 문제를 푸는 것을 넘어, '이해'와 '기억'의 과정을 동시에 할 수 있었습니다.

학습의 효율성이 높아진 지형이는 성적이 높아졌을 뿐만 아니라, 학습에 대한 자신감도 되찾게 되었습니다. "이제야 제가 뭘 하고 있는지 알겠어요"라고 말하며 지형이는 자신의 학습에 대한 방향을 스스로 설정하고 학습의 주도권을 쥐기 시작했습니다. 이 과정에서 지형이는 더 이상 '못하는 학생'이 아니었습니다. 이제는 자기 이해를 통해 자신이 무엇을 잘하고 무엇이 부족한지를 명확히 알게 되었고 이를 기반으로 학습 전략을 세울 수 있게 되었습니다.

---○ 학습에 대한 내적 동기 강화

자기 이해는 학습에 대한 내적 동기에도 큰 영향을 미칩니다. 고등학교 1학년 가연(가명)이는 학습 코칭을 하면서부터 이전에는 학원에서 제공하는 문제집을 풀고 나서야 비로소 공부를 했다고 느꼈었는데, 이제는 자신만의 방식으로 학습을 하고 있다는 자부심과 동기를 느끼기 시작했습니다. "저는 이 방식이 잘 맞아요"라고 말하며 자신감을 얻은 가연이는 더 이상 외부의 기대나 강요가 아닌 스스로 학습을 이끌어갈 수 있었습니다.

자기 이해가 중요한 또 다른 이유는 바로 자기 효능감을 증진시킨다는 점입니다. 심리학자 알버트 반두라Albert Bandura는 자기 효능감을 "어떤 일을 할 수 있다는 신념"이라고 정의했습니다. 가연이는 자신이 잘할 수 있는 방법을 알게 되었고 그에 따라 학습의 목표를 더 현실적이고 구체적으로 설정할 수 있었습니다. 자기 효능감은 학생이 어려운 문제에 직면했을 때 '내가 해결할 수 있다'는 믿음을 가질 수 있도록 돕습니다. 가연이 또한 이 과정을 통해 자기주도적인 학습 태도를 확립했습니다.

자기 이해는 단순히 자신을 알게 되는 것에 그치지 않습니다. 그것은 학습 전략을 수립하고, 더 나아가 자신에게 가장 적합한 학습 방법을 적용하는 과정입니다. 지형이나 가연이처럼 자신을 이해한 후 자신의 학습 방식에 변화를 주었고 그로 인해 성적이 향상되었습니다. 또한, 자신이 선택한 학습 방법을 꾸준히 실천하면서 자기주도 학습의 기초를 다졌습니다.

학습에서 중요한 점은 자기 자신을 아는 것이 아니라 그 지식을 바탕으로 실행 가능한 학습 전략을 수립하는 것입니다. 지형이와 가연이의 사례에서처럼 자기 이해를 통해 학습의 기초를 마련하면, 학생은 단순히 성적을 향상시키는 것을 넘어서 학습의 주체로서의 역할을 강화할 수 있습니다.

자기 이해가 학습에 미치는 긍정적인 영향은 지형이, 가연이의 변화에서 뚜렷하게 나타납니다. 그들은 처음에 '공부를 못하는 학생'이라고 스스로를 한정지었지만 자기 이해를 통해 자기주도적인 학습 방법을 찾고, 성적 향상은 물론 자신감까지 얻었습니다. 자기 이해는 학생이 자신의 강점과 약점을 인식하고 이를 바탕으로 효율적인 학습 방법을 적용하게 만듭니다. 이와 같은 사례는 자기 이해가 단순히 학습의 기초를 넘어 학생이 자발적으로 학습을 이끌어갈 수 있는 중요한 첫걸음임을 잘 보여줍니다.

자기 이해는 학습의 시작이자, 자기주도 학습을 위한 중요한 기초입니다. 학생이 자신을 이해하고, 자신에게 맞는 학습 방법을 찾는 과정은 성적 향상에 그치지 않고, 학습에 대한 자신감을 심어주고 자기 효능감을 높여줍니다.

이제 자녀와 함께 "우리는 자신을 얼마나 잘 알고 있을까?"란 질문을 통해 학습의 출발점을 다시 고민해볼 시간입니다. 자녀가 자기 이해를 통해 학습의 주체가 되는 첫걸음을 내디딜 수 있도록 도와주세요. 그 길이 바로 자녀가 자기주도 학습을 통해 성장할 수 있는 길임을 확신할 수 있을 것입니다.

2. 자신에게 특화된 학습법 찾기

중학교 2학년 가령(가명)이는 매일 밤늦게까지 책상 앞에 앉아 수학 문제를 풀었습니다. 가령이의 부모님은 "다른 친구들처럼 열심히 하면 성적이 오를 거야"라며 학원을 추가로 등록했고, 가령이는 누구보다 열심히 노력했습니다. 그러나 시험 결과는 예상과 달랐습니다. 성적은 오히려 하락했고, 그녀는 자신에게 큰 실망감을 느꼈습니다. '나는 왜 안 될까?'라고 자책하며 점점 더 학습에 대한 의욕을 잃어갔습니다. '왜 이렇게 안 되는지', '무엇이 문제인지'에 대해 계속해서 고민했지만, 그 원인을 찾는 데는 한계가 있었습니다.

가령이와 코칭을 시작하며 우리는 그녀의 학습 방식을 하나씩 점검하기로 했습니다. 가령이는 "친구들은 문제를 많이 풀어서 성적이 오르니까, 저도 그렇게 해야 할 것 같았어요"라며 매일 문제 풀이에 집중했다고 말했습니다. 가령이는 문제를 푸는 양이 많을수록 성적이 향상될 것이라고 믿으며 그만큼 열심히 문제를 풀었지만, 성과는 나오지 않았습니다. 하지만 가령이의 노트는 달랐습니다. 문제 풀이 자체는 단순했지만 개념을 정리한 메모는 도식과 색깔로, 시각적으로 구조화되어 있었습니다. 가령이는 자신도 알지 못했던 시각적 학습 스타일을 가진 학생이었습니다.

"문제를 많이 풀기보다, 먼저 개념을 그림으로 정리해보고, 그것을 친구에게 설명한다고 생각해보는 건 어때?" 저는 가령이에게 이렇게 제안했습니다. 처음에는 어색해했지만, 점차 가령이는 이 방식을 즐기기 시작했습니다. 그녀는 "개념을 정리하니 문제가 풀리는 원리가 보이는 것 같아요"라며 자신의 변화를 느꼈습니다. 이 변화는 단지 학습법의 전환이 아니라, 자기주도 학습으로 나아가는 첫걸음이었습니다. 가령이는 이제 자신이 어떤 방식으로 학습하면 더 효과적인지 스스로 알게 되었고, 그에 맞는 방법을 적용하기 시작했습니다.

  가령이의 사례는 학생마다 효과적인 학습법이 다르다는 점을 잘 보여줍니다. 학습법은 단순히 문제를 많이 푼다고 성적이 오르는 것이 아니라, 각 학생의 성격, 학습 스타일, 강점이 다르기 때문에 획일적인 방식으로 접근하면 오히려 효율이 떨어질 수 있다는 점을 강조하고 있습니다. 학습법은 '맞춤복'과 같습니다. 자신의 강점과 스타일에 맞는 학습법을 찾지 않으면 아무리 많은 시간을 투자해도 성과를 내기 어렵습니다. 가령이처럼 시각적 학습 스타일을 가진 학생은 단순히 문제를 많이 푸는 것보다 개념을 도식화하고 시각적으로 정리하는 방식이 더 효과적일 수 있습니다.

  가령이는 이제 개념을 그림으로 그려 이해한 뒤 문제를 풀기 시작했고 그 결과 성적이 두 단계 상승했습니다. 또한, 자기주도 학습을 통해 자신에게 맞는 학습법을 찾고 이를 꾸준히 적용함으로써 자신감을 얻었습니다. 학습의 성과를 얻는 데 있어 중요한 것은 '양'이 아니라 '질'이며, 자신에게 맞는 방식을 찾는 것이 중요하다는 점을 가령이는 몸소 체험하며 느꼈습니다.

청각적 학습 스타일을 발견한 고등학교 1학년 시윤(가명)이는 "아무리 외워도 기억이 안 나요"라며 암기 과목에서 어려움을 겪고 있었습니다. 다른 학생들이 빠르게 암기하는 모습을 보며 시윤이는 '나도 그렇게 해야겠다'고 생각하고 같은 방법을 시도했지만 성과는 오히려 줄어들었습니다. 그러던 중 코칭을 통해 그는 자신이 청각적 학습 스타일에 강점이 있다는 사실을 발견했습니다. 청각적 학습을 하는 학생은 보통 듣는 방식을 통해 학습 내용을 효과적으로 기억할 수 있습니다. 시윤이는 외워야 할 내용을 녹음하여 반복해서 듣는 방식을 시도했습니다. "처음엔 조금 이상했지만, 반복해서 들으니 외우는 게 더 쉬워졌어요." 시윤이는 오디오 학습을 통해 어려웠던 역사 과목에서 성적을 끌어올렸고, 자신감을 되찾았습니다. 청각적 학습법은 특히 암기 과목이나 언어 과목에서 효과적이며 이를 통해 시윤이는 성적 향상과 더불어 학습에 대한 주도적인 태도를 가질 수 있었습니다. 이처럼 학습법은 자신의 강점에 맞게 조정되었을 때, 훨씬 더 효과적으로 작용합니다.

앞서 가령이의 경우처럼 시각적 학습 스타일을 가진 학생은 개념을 도식화하고 시각 자료를 활용하여 정리하는 방법이 매우 효과적일 수 있습니다. 가령이는 문제를 푸는 과정보다 개념을 시각적으로 정리하는 방법에 집중했고 이 과정에서 학습의 원리와 개념을 더 잘 이해할 수 있었습니다. 그녀는 노트를 색깔별로 구분하며 학습의 핵심을 시각적으로 강조했고 결과적으로 수학 시험에서 두 단계 높은 성적을 기록했습니다.

학생들은 자기 이해와 자기주도적인 학습법을 통해 성적 향상뿐만 아니라 자신의 학습 스타일을 정확히 알고 그에 맞는 방식을 찾는 것이 얼마나 중요한지 깨닫게 됩니다. 가령이는 이제 스스로 어떤 학습 방식이 자신에게 가장 효과적인지 알게 되었고 그에 맞는 방식으로 학습을 이끌어갈 수 있게 되었습니다.

뇌과학적으로, 각 학생에게 맞는 학습법을 찾는 것은 뇌의 효율성을 극대화하는 데 중요한 역할을 합니다. 신경과학자 리처드 데이비슨Richard Davidson은 "자신의 학습 스타일을 이해하는 것은 전두엽을 활성화해 학습 계획과 문제 해결 능력을 향상한다"라고 말합니다.

시각적 학습은 뇌의 후두엽Occipital Lobe을 자극하고, 청각적 학습은 측두엽Temporal Lobe을 자극하며 이러한 뇌의 활동은 학습의 지속성과 효율성을 높이는 데 중요한 역할을 합니다. 각자의 강점에 맞는 학습 방법을 찾는 과정은 뇌의 적절한 부위를 자극하고, 학습에 대한 동기와 효율성을 극대화하는 데 도움을 줍니다.

─────○ 자기주도 학습으로의 전환

가령이와 시윤이는 각자 자신의 강점을 발견하여 학습법을 자신만의 스타일에 맞게 바꾸어 갔습니다. 이 과정에서 중요한 점은 학생들이 스스로 '어떤 방식이 자신에게 효과적인가'를 탐구하고 선택할 수 있었다는 것입니다. 이는 단순히 학습법의 전환을 넘어 자기주도 학습으로 나아가는 첫걸음이 되었습니다. 학습법은 정해진 것이 아닙니다. 학생이 스스로 강점을 발견하고 그에 맞는 방식을 설계해가는 과정이 자기주도 학습의 핵심입니다.

학생이 자신에게 맞는 학습법을 찾아내고, 그것을 실천하는 과정에서 성취감을 느끼고 학습의 즐거움을 되찾을 때 지속 가능한 학습을 위한 여정이 시작됩니다. 가령이와 시윤이는 자신에게 맞는 방식을 찾음으로써 자기주도 학습의 첫걸음을 떼게 되었고 이는 그들의 학습에 큰 변화를 일으켰습니다.

학습법은 고정된 것이 아닙니다. 학생은 자신의 강점을 발견하고, 그에 맞는 개인화된 학습법을 찾는 과정에서 성공적인 학습 방법을 끌어낼 수 있습니다. 가령이와 시윤이는 자기 이해를 바탕으로 자신만의 학습법을 찾고 그로 인해 성적 향상뿐만 아니라 자기주도 학습을 실천할 수 있었습니다. 학습법은 '맞춤복'과 같다는 점을 명확히 이해하고, 학생들이 자신에게 맞는 방법을 찾는 것이 중요합니다. 학생들이 자기주도 학습을 통해 학습의 주체가 되어 자신의 스타일에 맞는 방법을 적용하며 학습의 즐거움과 성취감을 경험할 수 있도록 돕는 것이 바로 효과적인 학습법 코칭입니다.

3 구체적이고 현실적인 목표를 세우기

고등학교 1학년 세진(가명)이는 새 학기가 시작되자 '이번 학기에 전 과목 평균 90점 이상'이라는 목표를 세웠습니다. 벽에는 '전 과목 1등급'이라는 커다란 문구가 적힌 포스터를 붙였고, 매일 새벽까지 책상 앞을 떠나지 않았습니다. 그러나 한 달 후, 세진이는 이런 말을 했습니다. "도저히 할 수 없을 것 같아요. 오히려 공부가 더 하기 싫어졌어요."

세진이의 문제는 목표 자체에 있었습니다. 그는 자신의 현재 수준과 상황을 고려하지 않은 채 너무 추상적이고 과도한 목표를 세웠던 것입니다. 목표가 동기 부여를 위한 도구가 아닌 심리적 압박감으로 작용하면 학생은 금방 지쳐버립니다. 세진이는 목표가 너무 거대하고 막연해서 목표를 달성하는 과정에서의 성공 경험을 할 수 없었습니다. 결국 목표가 더 이상 동기를 주지 않고 오히려 좌절감과 무력감만 남게 되었습니다.

심리학 연구에 따르면, 현실적인 목표 설정은 학생의 성취감을 높이고 지속 가능한 학습 동기를 만들어줍니다. 목표가 단순한 의욕이나 열정으로 이루어지는 것이 아니라, 체계적이고 구체적인 원칙을 기반으로 할 때 목표가 효과적으로 작동할 수 있습니다. 이를 위해 교육 및 자기 계발 분야에서 널리 활용되고 있는 SMART 원칙을 소개합니다.

─────○ SMART 원칙: 목표 설정의 핵심

SMART 원칙은 1981년 경영학자 조지 도란George T. Doran이 처음 소개한 목표 설정 방법론으로, 목표를 구체적이고 실현할 수 있게 만드는 데 중점을 둔 방법입니다. 이는 5가지 요소로 구성됩니다.

1. Specific(구체적이어야 한다)
'수학 1등급'이라는 추상적인 목표 대신, '매일 수학 문제 10

개를 풀이하고 오답을 기록하기'처럼 구체적인 행동 계획이 효과적입니다. 목표를 세울 때는 어떻게 무엇을 해야 할지를 명확히 해야 합니다.

2. Measurable(측정할 수 있어야 한다)

목표는 결과를 확인할 수 있어야 합니다. 예를 들어, '과학을 잘하고 싶다'는 목표는 모호하지만, '이번 주 과학 문제 20개를 정확히 풀이하기'는 측정할 수 있는 기준을 제공합니다. 목표를 달성한 후 성취감을 느낄 수 있도록 수치화가 필요합니다.

3. Achievable(달성할 수 있어야 한다)

현재 상황에서 실현할 수 있는 목표를 세워야 합니다. 평균 70점인 학생이라면 '이번 중간고사에서 평균 75점을 목표로 한다'는 현실적이고 도달할 수 있는 목표입니다. 목표가 너무 높으면 오히려 실패의 두려움만 키우게 되므로, 자신의 능력에 맞는 목표 설정이 중요합니다.

4. Relevant(의미 있는 목표여야 한다)

목표는 학생의 학습 동기와 연결되어야 지속할 수 있습니다. '부모님이 좋아하실 거야'라는 외부 동기보다는, '이 과목을 더 잘하고 싶다'는 개인적 동기가 더 강력한 원동력이 됩니다. 목표가 자기 자신에게 의미 있는 것일 때, 학생은 목표를 성취하는 데 더 큰 동기를 느낍니다.

5. Time-bound(시간 제한이 있어야 한다)

목표에는 분명한 기한이 필요합니다. '영어 단어를 외워야지' 보다 '이번 주 금요일까지 단어 50개를 외우기'처럼 구체적인 시간적 경계가 효과적입니다. 목표 달성의 기한이 정해져 있으면, 학생은 그 기한 내에 목표를 달성하려는 집중력을 발휘하게 됩니다.

뇌과학적으로 목표 설정은 학습 동기와 직접적으로 연결됩니다. 신경과학자 리처드 데이비슨Richard Davidson은 "구체적이고 실현 가능한 목표는 뇌의 전두엽을 활성화하고, 계획 실행 능력을 향상시킨다"라고 설명합니다. 구체적이고 측정 가능한 목표는 성취감을 제공하며 도파민 분비를 촉진해 학생이 더 큰 도전을 이어갈 수 있는 동기를 부여합니다. 이는 단순한 성적 향상을 넘어서 자기주도 학습으로 이어지는 중요한 기회가 됩니다.

SMART 원칙을 기반으로 설정한 목표는 학생에게 단순히 성적 향상의 기회를 제공하는 것을 넘어, 자기주도 학습의 기반을 마련합니다. 작은 성공을 통해 자신감을 얻고, 이 과정에서 학생은 점차 학습의 주체로 성장하게 됩니다.

"우리 아이에게 꼭 맞는 작은 성공의 목표는 무엇일까요?"

이 질문이 자녀의 학습 여정을 새롭게 열어주는 출발점이 될 수 있습니다. 목표 설정은 단순히 학습 도구가 아니라 지속 가능한 동기 부여와 자기 성장을 위한 중요한 디딤돌입니다. 목표를 통해 학습에 대한 주도적 태도를 기르고, 이를 통해 자기주도 학습을 지속적으로 실천할 수 있도록 돕는 것이 중요합니다.

4 감정을 다루며
학습 패턴 유지하기

중학교 2학년 정윤(가명)이는 시험이 가까워질수록 불안감에 사로잡혔습니다. 책상 앞에 앉으면 책을 펼치는 대신 스마트폰을 만지작거리거나 갑작스레 방 청소를 시작했습니다. 공부해야한다는 생각이 떠오를 때마다 가슴이 답답해지고 집중은커녕 책장 한 장 넘기는 것도 힘겨웠습니다. "책상 앞에 앉을 때마다 머리가 어지럽고, 공부를 시작하려는 의지가 점점 사라지는 것을 느꼈어요. 이럴 때마다 마음은 불안하고, 손끝은 책을 잡을 힘조차 없어요." 정윤이는 스스로 학습에 대한 의욕을 잃고 있었습니다. 그의 부모님은 이런 모습을 보고 "게으르다"고 말하며 더 많은 학습 시간을 요구했지만, 코칭에서 드러난 문제는 전혀 다른 곳에 있었습니다. 정윤이는 공부를 잘하고 싶은 마음이 간절했지만, 과도한 불안과 압박감이 학습 리듬을 깨뜨리고 있었습니다.

──○ 감정을 다루는 방법, 나만의 무기 만들기

학생이 스스로 학습 패턴을 유지하려면, 자신의 감정을 인지하고 이를 다루는 방법을 갖추는 것이 중요합니다. 감정 관리의 본질은 슬럼프가 찾아왔을 때 이를 극복할 수 있는 도구를 마련하는 데 있습니다. 학생은 불안을 없애려 하기보다는 이를 건강하게 다루는 방법을 익혀야 합니다.

1. 학습 중 불안을 다룬 정윤이의 사례

정윤이는 코칭을 통해 자신의 감정을 기록하는 습관을 시작했습니다. 매일 공부를 시작하기 전, 오늘의 기분을 간단히 적어보는 것입니다. "오늘은 조금 불안하지만, 하나씩 해볼래요." 정윤이는 처음엔 어색해했지만 자신이 느끼는 감정을 글로 적는 과정에서 마음이 차분해지고, 공부에 대한 부담감도 줄어들기 시작했습니다. 나아가 점차 자신의 감정을 인정하고 받아들이는 방법을 배웠고 그 결과 공부에 더 안정적으로 몰입할 수 있었습니다. "감정을 인정하니 오히려 공부가 더 수월해졌어요." 정윤이는 불안감을 억누르는 대신 그것을 인정하며 대처하는 법을 알게 되었습니다. 시험 성적도 이전보다 크게 향상되었고 무엇보다 학습 리듬을 회복했습니다.

정윤이는 감정을 외부화하는 방식을 통해 감정을 다루었고, 자기 자신을 돌보는 방법을 알게 되었습니다. 이는 그녀의 학습 리듬을 안정적으로 만들고, 감정의 흐름에 휘둘리지 않으며 공부에 집중할 수 있는 방법을 찾게 했습니다. 감정을 다룰 수 있는 능력은 학습에 있어서 중요한 무기이며, 이를 통해 공부의 자신감도 회복할 수 있었습니다.

2. 슬럼프를 극복하는 준호의 방식

고등학교 1학년 준호(가명)는 수학 문제를 풀다가 종종 좌절하며 "난 안 돼"라는 말을 반복했습니다. 그는 수시로 좌절감을 느끼면서 공부를 멈추는 경향이 있었습니다. 하지만 준호는 코칭을 통해 자신만의 슬럼프 극복 방법을 찾기 시작했습니다. 그는 공부가 잘되지 않을 때마다 10분 동안 산책을 하거나 좋아하는 음악을 듣는 방법을 시도했습니다. 준호는 "이렇게 잠시 멈추고 다시 시작하면 생각이 정리되고 집중이 더 잘되는 것 같아요"라고 말했습니다. 준호는 이 방법을 통해 슬럼프를 이겨내며 학습 중 좌절감을 줄이고, 학습 리듬을 안정적으로 유지할 수 있었습니다.

준호는 이 과정을 통해 감정의 흐름에 휘둘리지 않고 자신의 감정을 조절하는 법을 배웠습니다. 산책이나 음악 듣기와 같은 짧은 휴식을 통해 머리를 식히고 다시 학습에 집중할 수 있었습니다. 이 작은 방법들이 기분을 리셋하고 생각을 정리하는 데 큰 도움이 되었다는 사실을 깨달은 준호는 이후 어떤 어려움이 와도 그 방법을 적용하며 학습 리듬을 지속적으로 유지할 수 있게 되었습니다.

3. 자기만의 전략을 세운 수현이의 변화

중학교 3학년 수현(가명)이는 시험 기간이 다가오면 불안이 커져 스스로에게 "난 못할 거야"라는 부정적인 말을 반복했습니다. 시험 준비에 들어갈 때마다 불안이 더 커졌고, 그 불안이 집중을 방해했습니다. 하지만 수현이는 코칭을 통해 공부 중 느끼는 감정을 억누르는 대신 이를 대처하는 전략을 마련하기로 했습니다. 그녀는 시험 준비를 시작하기 전 5분 동안 호흡 명상을 하고 이후에는 스스로에게 응원의 말을 건네는 루틴을 만들었습니다. "지금부터 한 과목씩 차근차근히 해보자. 나는 할 수 있어." 수현이는 이 과정을 통해 자신이 느끼는 불안과 압박감을 줄였고, 시험 준비 과정에서도 집중력을 유지할 수 있었습니다.

결국 그녀는 학업 성적뿐만 아니라 학습에 대한 자신감도 크게 높아졌습니다.

수현이는 호흡 명상과 응원하는 말을 통해 자신을 다독이고, 감정의 흐름을 관리하면서 학습에 집중할 수 있었습니다. 그녀는 불안한 마음을 그대로 두지 않고, 그 감정을 다루는 방법을 스스로 개발했습니다. 이 작은 변화는 그녀가 학습 과정에서 주도권을 갖게 하고, 학습에 대한 신뢰를 쌓는 데 큰 도움이 되었습니다.

──────○ 감정을 다루는 능력, 학습의 무기가 되다

감정을 다루는 능력은 단순히 학습 중의 기분을 조절하는 것에 그치지 않습니다. 이는 학생이 스스로 슬럼프를 극복하고 학습 리듬을 안정적으로 유지하며, 지속적으로 자신을 성장시킬 수 있는 강력한 무기가 됩니다. 학습에서 중요한 것은 목표를 향해 꾸준히 나아가는 과정인데, 그 과정에서 감정을 잘 다룰 수 있는 능력은 필수적입니다. 학생이 학습 과정에서 사용할 수 있는 무기가 많아질수록 예상치 못한 좌절이나 압박감 앞에서도 흔들리지 않고 목표를 향해 나아갈 수 있습니다.

이 능력은 학생들에게 학습의 지속 가능성을 가져다줍니다.

감정은 본질적으로 자연스러운 흐름이지만, 이를 잘 다룰 수 있는 능력은 학생이 학습의 주체로서 자아를 확립하고, 자신감을 얻는 데 중요한 역할을 합니다. 감정의 흐름을 잘 다루는 학생은 어떤 어려움에도 굴하지 않고 자기주도적으로 목표를 향해 나아갈 수 있습니다. 이는 자기 성장을 위한 강력한 도전이 됩니다.

부모님은 자녀가 자신의 감정을 다룰 수 있는 다양한 방법을 찾고 이를 적용해볼 수 있도록 응원해주시길 바랍니다.

"우리 아이는 학습 중에 어떤 방법으로 슬럼프를 극복하고 있을까?"

이 질문이 학부모님과 자녀가 함께 학습과 감정 관리에 대해 고민해볼 수 있는 기회가 되길 바랍니다. 감정을 다룰 줄 아는 학생은 학습의 주인이 되고, 그 과정을 통해 더욱 성장해나갈 것입니다.

강점과 약점을 분석해
학습 전략 세우기

고등학교 1학년 민영(가명)이는 영어에서는 상위권을 유지했지만, 수학만큼은 아무리 열심히 해도 성적이 오르지 않아 힘들어했습니다. 부모님은 "영어는 잘하니 수학만 보완하면 된다"라며 학원을 더 추가하려 했지만 민영이는 점점 더 지쳐갔습니다.

코칭을 통해 민영이의 학습 방식을 점검한 결과, 그녀는 수학의 기본 개념을 충분히 이해하지 못한 상태에서 문제 풀이 위주의 학습을 반복하고 있었습니다.

민영이의 약점은 단순히 수학이라는 과목 자체가 아니라 학습 방식이 그녀의 강점과 연결되지 않았던 데 있었습니다. 민영이는 영어에서는 언어적 감각을 잘 활용했지만, 수학에서는 그 강점을 잘 활용하지 못하고 있었습니다.

민영이의 사례는 강점과 약점을 분석하는 과정이 단순히 '잘하는 과목과 못하는 과목'을 나누는 것이 아님을 보여줍니다. 학생 개개인의 학습 성향과 환경, 그리고 학습 방식이 적절히 조화를 이루지 못하면 학습 효율은 크게 떨어질 수 있습니다. 민영이는 영어에서는 언어적 감각을 활용해 성공을 거두었지만, 수학에서는 단순 반복 학습이 그녀에게 맞지 않아 학습에 어려움을 겪고 있었습니다.

─────○ 강점과 약점을 학습 전략에 반영하기

민영이는 코칭을 통해 수학을 대하는 방식을 새롭게 설계했습니다. 선행 학습을 잠시 멈추고, 기본 개념을 정리하는 데 집중했습니다. 문제를 풀기 전에 공식과 원리를 점검하는 습관을 들였으며, 시각적 자료를 활용해 공식을 도식화하는 방식을 도입했습니다.

"수학의 개념을 단순히 외우는 대신, 문제를 풀기 전 그림처럼 그려보며 개념을 이해하려고 했어요." 이러한 변화는 민영이에게 학습 리듬을 만들어주었고 그녀는 마침내 수학에 대한 자신감을 되찾았습니다. "수학을 좋아하게 될 줄 몰랐어요. 지금은 영어보다 수학에 더 집중하고 싶어요"라고 말한 민영이의 변화는 이 과정의 성과를 잘 보여줍니다.

민영이는 학습 방식을 자신의 강점에 맞게 개선하고, 기초 개념을 다지는 과정을 통해 자기 효능감을 높일 수 있었습니다. 그녀는 더 이상 수학을 두려워하지 않고, 자신만의 학습 방식을 설계하며 학습에 몰입하게 되었습니다. 민영은 수학을 학습할 때 단순 반복이 아닌 개념을 이해하고 적용하는 과정에 집중함으로써 수학에 대한 두려움을 극복하고 학습 리듬을 회복할 수 있었습니다.

또 다른 사례로, 중학교 3학년 태우(가명)는 과학 성적이 낮아 좌절감을 느꼈습니다. 하지만 코칭 과정에서 태우가 실험을 좋아하고 결과를 분석하는 데 흥미를 느낀다는 사실이 드러났습니다. 그는 암기 중심의 학습에서 흥미를 잃고 있었지만 실험 결과를 암기해야 할 개념과 연결하며 단순 암기가 아닌 이해 중심의 학습 방식을 시도했습니다. "실험을 통해 배운 개념을 이해하려니까 훨씬 재미있고 쉽게 기억에 남더라고요." 이 과정을 통해 태우는 과학 학습에 대한 두려움을 극복했을 뿐만 아니라 성적도 크게 향상되었습니다.

　강점과 약점을 분석하고 이를 학습에 반영하는 과정에서 중요한 점은 학생의 학습 성향을 객관적으로 바라보는 것입니다. 강점은 단순히 '잘하는 것'을 의미하는 것이 아니라, 학생의 학습 동기와 흥미를 끌어낼 수 있는 열쇠입니다. 태우의 경우 실험과 연결된 학습 방식이 과학에 대한 흥미를 되찾는 계기가 되었고, 그의 약점이었던 이론 학습도 점차 극복할 수 있었습니다.

　태우는 실험을 통해 개념을 이해하고, 이를 이론 학습과 연결하게 하는 과정을 통해 점차 과학에 대한 자신감을 키워갔습니다. 그는 단순 암기를 넘어서서 이해 기반 학습을 통해 학습 동기와 흥미를 회복했습니다. "이제 과학이 재미있어요. 시험을 준비하는 과정이 더 이상 두렵지 않아요." 태우는 실험을 활용한 이해 중심 학습이 과학에 대한 두려움을 없애고 성적 향상에도 중요한 역할을 했다는 점을 강조했습니다.

　뇌과학적으로도 강점과 약점을 이해하고 활용하는 것은 학습 동기를 높이는 데 효과적입니다. 신경과학자 캐럴 드웩은 성장 마인드셋을 통해 "강점을 기반으로 약점을 보완하는 접근 방식은 학생의 자기 효능감을 강화하고 성취감을 지속적으로 느끼게 한다"라고 설명합니다. 강점을 발휘할 수 있는 환경에서 학생은 더 큰 동기를 가지고 약점에도 도전하게 됩니다.

강점과 약점을 분석하고 이를 바탕으로 학습 전략을 세우는 효과는 단순히 성적을 올리는 데 그치지 않습니다. 학생이 자신을 더 깊이 이해하고, 학습을 주도적으로 설계하며, 자신감을 키울 수 있게 해줍니다. 민영과 태우의 사례는 이를 잘 보여줍니다. 학습은 잘하는 것을 더 잘하도록 강화하면서, 부족한 부분은 새로운 접근 방식을 통해 보완할 때 비로소 빛을 발합니다.

"우리 아이는 어떤 강점을 가지고 있으며, 어떤 부분을 더 발전시켜야 할까요?"

이 질문은 자녀의 학습 전략을 새롭게 디자인하는 중요한 출발점이 될 수 있습니다. 강점과 약점을 고려한 학습 접근법은 단순히 공부 방법을 조정하는 것에 그치지 않고, 아이의 자신감을 키우고 잠재력을 끌어올리는 여정이 됩니다. 학생이 자신의 강점을 적극적으로 활용하고 약점을 효과적으로 개선하는 법을 배울 때, 학습은 더 이상 두려움이 아닌 즐거운 도전이 되며, 자기주도 학습을 통해 지속적으로 성장할 수 있는 발판이 마련됩니다.

6 성과보다
과정을 즐기기

　고등학교 2학년 성우(가명)는 이번 중간고사에서 1등급을 목표로 세웠습니다. 그래서 매일 밤늦게까지 공부하며 스스로 계획한 양을 모두 마치기 위해 노력했지만 결과는 언제나처럼 2등급에 머물렀습니다. 시험 결과를 받아 든 성우는 "아무리 해도 안 되는 것 같아요"라며 고개를 떨궜습니다. 목표를 달성하지 못한 좌절감은 곧 학습에 대한 흥미를 떨어뜨리는 원인이 되었습니다. 많은 학생이 성적을 기준으로 학습을 평가하고, 시험 성적이 기대에 미치지 않으면 자신의 노력을 무의미하게 느끼고 학습을 포기하는 경우가 많습니다.

성우의 사례처럼 결과 중심의 학습은 좌절감과 학습 의욕 상실을 불러일으킬 수 있습니다. 중요한 것은 결과뿐만 아니라 과정에서 얻은 성취입니다. 성우는 시험 성적에만 초점을 맞추면서 학습 과정에서 얻는 성장과 배움의 가치를 놓쳤습니다. 결과를 얻기 위해서는 과정에서의 작은 성공을 발견하고 자기 자신을 칭찬하는 습관을 만들어야 합니다.

성우는 코칭을 통해 학습 과정을 기록하는 대신 '오늘은 이 개념을 정확히 이해했다' 또는 '어려운 문제를 하나 해결했다'와 같은 작은 성취를 매일 확인하며 기록하기 시작했습니다. 처음엔 "이걸 적는다고 뭐가 달라지겠어요?"라고 시큰둥했지만, 몇 주 후 그는 "이제 성적보다 공부 과정에서 저 자신이 더 나아지는 걸 느껴요"라며 학습의 즐거움을 경험했습니다. 성우는 과정에서 얻은 작은 성취를 통해 점차 자신감을 회복하고, 학습의 재미를 찾을 수 있었습니다.

학부모가 할 수 있는 역할: 자녀의 학습 과정을 지지하기

중고등학생 자녀는 이미 스스로 학습 계획을 세우고 관리하는 단계에 있습니다. 부모가 자녀의 학습 과정을 점검하는 것이 아니라, 자녀가 스스로 점검할 수 있도록 돕는 역할이 중요합니다. 그 방법의 하나는 학습 목표를 설정하고, 그 목표를 이루기 위한 작은 성공을 인식하는 훈련입니다.

예를 들어, 자녀에게 목표를 세우고 매일 학습 후 간단한 회고를 하도록 유도할 수 있습니다. 회고할 때는 학습한 내용을 기록하는 방식보다는 하루 동안 배운 것 중에 무엇이 가장 인상 깊었는지를 또는 문제를 해결했을 때 느낀 성취감을 자녀가 스스로 돌아보게 유도하는 것이 중요합니다. 이런 방식은 자녀가 자신의 학습 과정에서 얻은 성취감을 느끼게 하고, 자기주도 학습을 촉진할 수 있습니다.

부모는 자녀가 이 과정을 잘할 수 있도록 격려와 지지를 제공해야 합니다. 예를 들어, "오늘 이 문제는 어떻게 해결했니? 그 과정에서 어떤 점을 배웠어?"와 같이 자녀가 학습의 과정에 집중할 수 있도록 대화를 이끌어가는 것이 유효합니다. 이러한 대화는 자녀가 학습 과정을 긍정적으로 바라보게 하고, 자기 자신에 대한 믿음을 키울 수 있게 도와줍니다.

수영이의 사례: 완벽을 추구하지 않고 성장에 집중하기

또 다른 사례로, 중학교 3학년 수영(가명)이가 있습니다. 수영이는 성적이 안정적으로 상위권에 있었지만, 시험 준비가 시작될 때마다 늘 불안해하며 완벽을 지나치게 추구했습니다. '조금이라도 틀리면 안 된다'는 강박으로 하루에 두 과목을 완벽히 준비하는 것을 목표로 했지만 결국 하나도 끝내지 못하고 스트레스를 호소했습니다. 수영이는 코칭을 통해 학습 목표를 다시 점검하며 매일 완벽한 결과를 추구하기보다 하루에 한 가지라도 제대로 배운 점을 기록하기로 했습니다.

처음에는 "에이, 이게 무슨 도움이 돼요?"라며 의심했지만, 자신이 배운 내용을 복습하면서 "오~ 오늘 이걸 이해했어!" 하고 적어나가기 시작했습니다. 이러한 기록은 그녀의 스트레스를 줄이는 데 큰 도움이 되었고, 시험 전날에도 자신감을 가지고 준비를 마칠 수 있었습니다. 수영이는 더 이상 완벽한 결과에 집착하지 않고 과정에서 성장하는 법을 배웠습니다.

이 과정에서 학부모는 자녀가 완벽을 추구하는 강박에서 벗어날 수 있도록 돕는 역할을 해야 합니다. 자녀가 목표를 세우고, 그 목표를 성취하기 위한 과정을 즐길 수 있도록 유도하는 것이 중요합니다. 예를 들어, 수영이가 작은 성공을 즐길 수 있도록 돕는 것이 바로 학부모가 할 수 있는 역할입니다. 자녀에게 "오늘 어떤 점이 제일 좋았어?"와 같은 질문을 통해 자녀가 과정에서 성취를 자연스럽게 돌아보게 만드는 것입니다.

많은 학생이 시험 성적이라는 결과에만 집착하지만, 학습의 진정한 가치는 과정에서 얻는 경험과 배움에 있습니다. 목표를 달성하지 못했더라도 그 과정을 통해 부족한 점을 파악하고 이를 개선하는 기회를 얻을 수 있습니다. 또한, 과정을 통해 얻은 작은 성취는 계속해서 도전할 수 있는 동기를 제공합니다. 성우와 수영이의 사례는 모두 결과보다 과정을 중요하게 여기는 학습 태도가 어떤 변화를 불러오는지 잘 보여줍니다. 과정을 즐기는 태도를 통해 아이들은 실패를 두려워하지 않고 지속적으로 학습에 몰입할 수 있습니다.

결과는 일시적이지만 과정에서 얻는 성취감과 배움은 평생 지속되는 성장의 원동력이 됩니다. 과정을 통해 얻는 배움이야말로 자녀를 자기주도 학습자로 만들어가는 가장 중요한 열쇠입니다. 결과에 집착하기보다는 과정을 통해 성장의 기쁨을 느끼는 여정을 함께 응원합니다.

실패를 도전과 배움의 기회로 받아들이기

중학교 3학년 주성이(가명)는 과학 실험 보고서를 제출하며 큰 기대를 품었습니다. 그는 데이터를 모으고 친구들과 밤늦게까지 결과를 정리하며 보고서를 완성했지만 예상치 못한 낮은 점수를 받고 큰 실망에 빠졌습니다. "과학은 저랑 안 맞아요. 아무리 해도 안 되는 것 같아요." 주성이는 그 후 과학 공부를 포기하려 했습니다. 많은 학생이 주성이처럼 실패를 단순한 좌절로 받아들입니다. 실패는 누구나 두려운 경험이며, 특히 청소년기에 겪는 실패는 자아 형성과 학습 태도에 큰 영향을 미칩니다.

심리학자 앨버트 밴듀라Albert Bandura는 "실패를 극복하고 성공 경험을 통해 자기 효능감을 강화하는 과정이 학습 동기를 유지하는 핵심 요소"라고 강조합니다. 실패를 자신의 한계로 여기는 고정 마인드셋Fixed Mindset은 학습 의지를 약화하지만 이를 극복하려는 성장 마인드셋Growth Mindset은 학생에게 도전과 성장을 가능하게 합니다. 주성이는 실패를 경험한 후 처음에는 이를 자신을 부정하는 기회로 삼았지만, 코칭 과정에서 실험 보고서를 다시 복기하고 실수를 분석하는 방법을 배우게 되었습니다. 처음에는 "이건 선생님이 너무 까다로워서 그래요"라며 실수를 인정하기 어려워했지만, 데이터를 정리하고 분석하는 방식에서 오류가 있었음을 깨달았습니다. 주성이는 실패를 교훈으로 삼고 점차 자신감을 되찾았습니다. "실패했을 땐 정말 힘들었지만, 지금은 그 경험 덕분에 실험을 더 잘 이해하게 됐어요." 주성이는 이제 과학 실험을 두려운 것이 아니라 새로운 도전의 기회로 느끼게 되었습니다.

─────○ 자기주도 학습: 실패에서 배운 교훈을 자기 성장으로 전환

주성이의 사례에서 볼 수 있듯이, 실패를 성장의 기회로 전환하는 과정은 자기주도 학습의 핵심 중 하나입니다. 자기주도 학습에서는 학생이 스스로 학습의 방향을 설정하고, 실패에서 배

운 교훈을 자기 성장의 기회로 삼는 태도가 중요합니다. 자기주도적인 학습 태도가 형성되면, 학생은 실패한 부분을 스스로 분석하고, 개선하기 위한 구체적인 계획을 세울 수 있습니다. 이를 통해 자기 효능감Self-Efficacy이 강화되고 자신감을 얻을 수 있습니다.

학생이 실패를 겪었을 때 학부모의 역할은 매우 중요합니다. 학부모는 자녀가 실패를 두려워하지 않고, 그 경험에서 배우도록 돕는 역할을 해야 합니다. 자녀가 실패한 후 그 실패의 원인과 배운 점을 돌아보게 하는 대화를 통해 학습의 주체로서 자녀가 스스로 문제를 해결하는 능력을 기를 수 있도록 지원해야 합니다. 예를 들어, 자녀가 수학 문제에서 실패했다면, "어떤 점이 어려웠어? 어떻게 하면 다음에는 더 잘할 수 있을까?"라는 질문을 통해 자녀가 자신의 실패를 분석하고 구체적인 해결책을 세울 수 있도록 도와줄 수 있습니다.

이렇게 부모는 실패를 단순히 부정적인 결과로 여기지 않도록 도와주고, 자녀가 실패를 분석하고, 개선할 수 있는 구체적인 방법을 찾도록 격려해야 합니다. 자녀가 자신을 더 잘 이해하고, 실패를 극복하는 전략을 스스로 마련할 수 있게 돕는 것은 자기주도적 학습을 기우는 데 매우 중요합니다.

고등학교 1학년 호준이(가명)는 연극 동아리 발표회에서 주연으로 무대에 섰습니다. 그런데 긴장감에 대사를 잊어버리고 말았습니다. 호준이는 발표회를 망쳤다고 생각했고 연극에 대한 흥미를 잃었습니다. 하지만 연극 동아리 지도 선생님과 함께 대사의 맥락을 이해하고 전체 이야기를 흐름으로 기억하는 연습을 시작하면서 자신감을 점차 회복했습니다. 이후 호준이는 조연으로 다시 무대에 섰고, 무대에서 두려움을 극복하며 연기에 대한 열정을 되찾았습니다. 호준이가 실패를 성장으로 바꿀 수 있었던 이유는 실패를 학습의 일부로 받아들였기 때문입니다. 그는 실패를 배움의 기회로 삼고, 그 과정에서 자신의 한계를 극복하며 성장을 경험했습니다.

비슷하게 중학교 3학년 하준(가명)이는 수학 경시대회에서 여러 번 낙방하며 자신감을 잃었으나 대회 문제 유형을 분석하고 취약한 부분을 보완하는 작은 목표를 설정하여 점진적으로 자신감을 쌓아갔습니다. 하준이는 자신이 실패한 점을 면밀히 분석하고 그 분석을 성장하는 기회로 삼아 대회에서 상위권에 진입할 수 있었습니다.

하준이와 호준이의 사례는 실패를 학습의 한 부분으로 받아들여 그 과정에서 배운 점을 바탕으로 목표를 수정하고 도전할 수 있었다는 점에서 중요한 의미를 갖습니다. 자기주도 학습의 핵심은 실패와 성공을 균형 있게 경험하고 실패를 학습의 기회로 삼는 능력을 키우는 것입니다. 작은 성공의 축적은 자신감과 지속 가능성을 만드는 핵심 요인이며, 성공보다 중요한 것은 그 과정을 통해 얻은 배움입니다.

자기주도 학습에서 중요한 점은 실패를 학습의 끝이 아니라 새로운 출발점으로 받아들이고 이를 통해 성장하고 발전할 기회로 삼는 것입니다. 자녀가 실패를 두려워하지 않고 그 실패를 도전과 배움의 기회로 받아들일 수 있도록 돕는 것이 학부모의 중요한 역할입니다. 실패는 학습의 일부이고 실패를 통해 얻는 배움은 자기주도 학습을 위한 필수적인 자산입니다.

이 글은 자기주도 학습에서 실패를 어떻게 성장의 기회로 바꾸는지에 대한 중요한 교훈을 전달합니다. 실패를 두려워하지 않고 도전하는 역량은 학생들이 자기주도적으로 학습하고 성장할 수 있는 원동력이 됩니다. 학부모는 자녀가 실패를 경험할 때 긍정적인 피드백과 구체적인 분석을 통해 성장의 기회로 전환할 수 있도록 도와주는 역할을 해야 합니다. 실패를 통해 배우고 성장하는 과정에서 얻는 경험은 자기주도 학습의 가장 중요한 자산입니다.

5장

지금 당장 시작하는
자기주도 학습 실천법

1 일정 관리와 자기 관리를 동시에 하라

"하루는 길지만, 그 하루를 제대로 쓰는 건 더 어렵습니다."

중학교 2학년 해성(가명)이는 아침에 눈을 뜨자마자 해야 할 일들로 머릿속이 가득 찼습니다. "수학 문제집 10문제도 풀어야 하고, 영어 단어 20개도 외워야 해요. 그런데 항상 하루가 끝날 때쯤엔 절반도 못 끝낸 것 같아요." 해성이는 학습 시간에 대한 불안감과 혼란을 느꼈습니다. 해성의 부모님 역시 비슷한 고민을 털어놓았습니다. "책상에 오래 앉아 있는 것 같은데, 왜 매번 결과는 만족스럽지 못한 걸까요?" 문제는 단순히 시간을 많이 쓰는 것이 아니라 학습 목표가 명확하지 않거나 시간이 효율적으로 배분되지 않는 데 있었습니다.

코칭에서 중요한 점은 시간 관리뿐만 아니라 목표 설정과 자기 관리를 병행하는 것입니다. 이를 통해 학생은 자기주도적으로 학습 계획을 세우고, 자신만의 학습 패턴을 만들 수 있습니다.

───○ 학교에서의 학습 전략

수업 중에 중요한 개념과 모호한 부분을 기록합니다. 수업이 끝난 후 바로 복습하여 내용을 명확히 이해하고 넘어갑니다. 수업 중 모르는 부분은 즉시 질문하며 해결합니다. "수업 중 모르는 걸 바로 해결하니까 집에 와서 공부 시간이 줄었어요"라고 말한 해성이의 경험처럼 수업 후 바로 피드백을 받음으로써 공부 시간을 줄이고 더 효율적인 학습을 할 수 있습니다.

───○ 하교 후 학습 전략

하교 후에는 복습과 심화 학습을 중심으로 하루를 설계합니다. 배운 내용을 자신의 방식으로 재구성하며 이해를 확장하는 활동을 합니다. 예를 들어, 영어 단어를 외운 뒤 짧은 글을 써보며 단어를 응용하거나 수학 문제를 풀고 개념을 정리하는 등의 활동을 통해 이해도를 높일 수 있습니다.

코칭에서 또 하나 중요한 점은 분리와 집중입니다. 학교에서는 실시간 피드백과 적용에 중점을 두고 하교 후에는 배운 내용을 심화하며 부족한 부분을 보완하는 데 집중합니다. 이 두 가지를 병행하며 학생은 자기주도 학습을 계속해서 개선해나갈 수 있습니다.

─────◦ 자기 관리를 위한 실천법

일정 관리가 학습 효율에 큰 영향을 미친다면 자기 관리는 그 시간을 지속 가능하게 만듭니다. 자기 관리를 통해 학생은 지속적으로 효율적인 학습을 이어갈 수 있습니다. 학생이 자기를 관리할 수 있도록 돕는 방법을 살펴보겠습니다.

학습 전 정리 시간 확보하기

학습을 시작하기 전에 10~15분 동안 자신의 감정을 정리하고 편안한 상태를 만들어 학습에 집중할 수 있게 합니다. 예를 들어, 수인이는 피아노 연습을 통해 긴장을 풀고 집중력을 높였습니다. 이와 같은 루틴을 통해 학생은 효율적인 학습을 유지할 수 있습니다.

학습 후 점검하기

하루 동안의 학습을 마친 뒤 '오늘 배운 것 중 이해가 부족한 부분은 무엇인가?', '어떤 방식이 가장 효과적이었는가?'와 같은 질문을 통해 자기 점검을 할 수 있도록 돕습니다. 해성이가 "하루를 점검하며 모르는 부분이 뭔지 알게 되니까 공부가 더 쉬워졌어요"라고 말한 것처럼, 자기 점검을 통해 학습 효율을 높일 수 있습니다.

학습 외 활동 활용하기

스트레스를 해소하고 동기를 유지하는 활동을 일상에 포함합니다. 예를 들어, 해성이는 그림 그리기를 통해 스트레스를 해소하고 학습 집중력을 높였습니다. 다시 강조하지만, 학습 외 활동은 자기 관리와 시간 관리를 돕는 중요한 역할을 합니다.

──────○ 메타인지 능력: 자기주도 학습의 핵심

메타인지는 자기주도 학습에서 가장 중요한 능력입니다. 자기주도적으로 학습을 설계하고 점검하고 수정하는 능력은 학생이 자신의 학습 상태를 객관적으로 파악하고 부족한 부분을 보완하는 데 필수적입니다. 해성이는 메타인지 접근을 통해 계획을 세우고 자신이 알고 있는 것과 모르는 것을 명확히 구별하며 학습 효율을 높였습니다. 이와 같은 접근은 학생이 스스로 학습을 개선하는 데 큰 도움이 됩니다.

자기주도 학습의 출발점은 하루를 어떻게 설계할지에 대한 질문에서부터 시작됩니다. 학생이 매일 하루를 어떻게 사용할지 계획을 세우는 과정은 자기주도 학습의 첫걸음입니다. 예를 들어, 학생에게 오늘 학교에서 매듭지을 일과 하교 후에 심화할 일을 명확히 정해두도록 돕습니다. 학부모가 할 수 있는 역할은 자녀가 하루의 일정을 계획하고 효율적으로 관리할 수 있도록 지원하는 것입니다. 작은 실천이 쌓여 큰 변화를 만든다는 점을 강조하며, 자녀가 자기주도 학습자로 성장할 수 있도록 격려합니다.

자기주도 학습을 위한 일정 관리와 자기 관리의 중요성을 설명하며 학생들이 효율적인 학습 전략을 세울 수 있도록 도움이 되기를 바랍니다. 하루를 설계하고 학습 목표를 분리하며, 자기 관리와 점검을 실천함으로써 자기주도 학습을 더욱 효과적으로 할 수 있습니다. 작은 실천을 통해 큰 변화를 이루고 자기주도 학습자로 성장하는 길을 함께 열어가길 바라봅니다.

2 취약한 부분을 보완하며 강점을 살리는 학습을 하라

"목표를 세운다는 건, 그 목표를 실현할 수 있는 방법을 찾는 일입니다." 늘 학부모님과의 상담에서 말씀드리는 부분입니다.

고등학교 1학년 성웅(가명)이는 기말고사에서 모든 과목 1등 급을 목표로 공부를 시작했습니다. 그러나 시간이 지날수록 성 웅이는 "수학도 해야 하고, 영어 단어도 외워야 하고, 과학 서술 형 문제도 준비해야 하는데, 어느 것 하나 제대로 못 하고 있는 것 같아요"라며 지쳐갔습니다. 결국 그는 공부에 대한 동기를 잃었고 성적은 더 떨어졌습니다. 성웅이의 문제는 목표가 지나 치게 막연하고 과중했기 때문입니다. 목표는 학생의 학습 방향을 설정하는 중요한 도구이지만, 이를 실현 가능하고 세분된 목표로 나누어 취약한 부분에 초점을 맞추는 것이 핵심입니다.

반면, 중학교 2학년 수형이(가명)는 같은 기말고사를 준비하며 전혀 다른 방식을 택했습니다. 저와 함께 1년여 이상 코칭을 진행해온 그녀는 "이번 주엔 수학의 약점인 함수 문제를 집중적으로 풀어볼래요. 매일 10문제씩 풀고 오답을 정리해보는 거예요"라고 구체적인 목표를 설정했습니다. 또한, 강점을 살리는 영어 과목은 "문법 복습은 학원에서 하고, 집에선 독해 문제를 연습하며 어휘를 늘리겠어요"라고 전략을 세웠습니다. 수형이는 약점을 보완하는 동시에 강점을 활용하며 학습의 효율을 극대화했고, 기말고사에서 성적 상승을 이루었습니다.

─────○ 취약점을 보완하며 강점을 활용하는 단계별 목표 설정

학생이 취약점을 보완하는 방법은 단순히 문제를 많이 푸는 방식에 그치지 않습니다. 목표를 구체적으로 세우고, 그 목표에 맞는 학습 전략을 세우는 것이 중요합니다. 예를 들어, 수학에서 어려움을 겪고 있다면 개념을 제대로 이해한 후, 그 개념에 맞는 문제 풀이를 병행하는 방식이 좋습니다. 수학 함수 문제 중 그래프 그리기가 어렵다면 함수의 개념을 먼저 충분히 이해

하고, 실제 그래프를 그리며 풀이를 반복하는 것이 효과적입니다. 이 과정에서 중요한 것은 학습 일지나 시험 분석을 통해 자신의 취약점을 정확히 파악하고, 이를 보완하는 방법을 찾는 것입니다.

단계별 목표 설정: 취약한 부분 보완하기

목표 설정은 단기, 중기, 장기 목표로 나누어 세부석으로 설정하는 것이 효과적입니다. 각 목표를 실천할 수 있는 단계로 나누어 목표 달성 과정을 느낄 수 있도록 돕는 것이 중요합니다.

1) 단기 목표: 매일 10개의 문제 풀기 (예: 오늘 배운 개념을 바탕으로 수학 함수 문제 10개 풀기, 틀린 문제는 다시 복습하기)
2) 중기 목표: 주간 목표 세우기 (예: 이번 주에 수학 함수 문제 1장 풀기, 틀린 문제는 주말에 다시 풀기)
3) 장기 목표: 시험 전까지 개념 완성하고 성적 향상 (예: 기말고사에서 90점 이상 목표 달성, 학습 일지로 점검하기)

학습 일지를 작성하면서 목표를 점검하는 것도 중요한 부분입니다. 학습 일지에 "오늘 배운 것", "어려웠던 점", "다시 풀어야 할 문제" 등을 기록하면서, 자기 점검과 목표 달성 정도를 체크할 수 있습니다. 이 과정에서 자신이 어떤 점을 잘했는지, 무엇을 개선해야 하는지 확인하며 성취감을 느낄 수 있습니다.

예시:

"오늘 배운 것: 수학 함수의 그래프 그리는 방법을 이해했다."

"어려웠던 점: 함수의 기울기를 정확히 구하는 부분이 어려웠다."

"내일 할 일: 함수 문제 10개 풀기, 틀린 문제 다시 풀기."

이렇게 학습 일지를 작성하는 것은 자기주도 학습의 기본이 되는 메타인지 능력을 기르는 데 큰 도움이 됩니다. 어떤 부분을 이해하고, 어떤 부분이 부족한지 정확히 파악하면서 스스로 학습 방향을 설정할 수 있습니다.

─────○ 강점 활용하기: 약점을 넘어 확장하기

강점을 활용하는 학습법은 학생에게 중요한 학습 전략이 될 수 있습니다. 자신이 잘하는 부분을 다른 과목에 적용하거나, 잘하는 과목을 더 심화시키는 방법입니다. 예를 들어, 영어에서 강점을 가진 학생이 과학 독해 문제를 풀며 영어 어휘를 확장하는 방법입니다. 수형이는 영어 독해 능력을 활용해 과학 지문을 분석하고, 과학 용어를 더 쉽게 익히는 방법을 사용하여 자신감을 얻었고 두 과목에서 성적 향상을 이루었습니다.

단계별 목표를 설정하고, 취약한 부분을 보완하며 강점을 활용하는 전략은 뇌 과학적으로도 효과적입니다. 신경과학자 존 메디나John Medina는 "강점을 강화하는 학습은 뇌의 보상 시스템을 활성화해 지속 가능한 동기를 만든다"고 설명합니다. 목표를 단계별로 세우고 이를 성취하며 얻는 성취감은 학습 동기를 강화하는 데 중요한 역할을 합니다.

구체적인 목표 설정 예시

장기 목표: 수학에서 함수 문제를 완벽히 이해해 기말고사에서 90점 이상 받기

중기 목표: 매주 함수 문제집 1장을 완성하고, 오답 분석하기

단기 목표: 매일 함수 문제 10개 풀기, 틀린 문제의 공식을 정리하기

이와 같이 단계별 목표를 설정하여 학생 스스로 학습 계획을 세우고 실천할 수 있도록 도와줍니다.

학생들이 자기주도 학습을 통해 성취감을 느끼고 목표를 달성하는 과정은 강점과 약점을 이해하고 활용하는 능력을 기르는

데 중요한 역할을 합니다. 단계별 목표 설정을 통해 취약한 부분을 보완하고 강점을 살려 나가는 학습법은 학생이 자신감을 얻고 학습을 주도할 수 있도록 돕는 가장 효과적인 방법입니다.

오늘부터 자녀가 스스로 목표를 설정하고 실천하는 방법을 함께 고민해보세요. "우리 아이는 어떤 목표를 설정하고, 어떤 방법으로 이를 달성할 수 있을까?" 이 질문을 통해 자녀의 자기주도 학습이 더욱 견고해질 것입니다.

3

남에게 설명하듯 공부하며 응용하라

⸺○ 설명은 학습의 완성이다

남에게 설명하듯 공부하는 것은 단순히 배운 내용을 나열하는 것이 아닙니다. 설명은 학습자가 눈으로 보고, 읽고, 쓰고, 듣고, 입으로 이야기하며 배운 내용을 자신의 언어로 흡수하고 구체화하는 과정입니다. 이 과정을 통해 학생은 단순 암기를 넘어 학습의 본질을 이해하고 자신의 것으로 만들 수 있습니다. 설명 학습법은 학습을 심화시키고 응용력을 높이는 강력한 방법으로, 학생이 배운 내용을 완전히 내재화하게 만듭니다.

중학교 3학년 정태(가명)는 영어 문법 시간마다 좌절하곤 했습니다. 문제집 앞에서 늘 같은 질문을 던졌습니다. "왜 이렇게 외워도 안 외워지고, 문제만 풀면 틀려요?" 정태의 목소리에는 영어에 대한 자신감 부족과 불안이 섞여 있었습니다. 문법 문제를 풀 때마다 그는 틀릴까 봐 조바심을 내며 머뭇거렸고 결과는 늘 기대 이하였습니다. 코칭 중에 저는 정태에게 물었습니다.

"정태야, 이 문법 문제를 친구에게 설명한다고 생각하면 뭐라고 말할래?"

정태는 잠시 망설였고, 수줍은 목소리로 대답했습니다.

"그냥…… 주어가 동사랑 안 맞아서 틀렸다…… 이렇게 말하면 되지 않을까요?"

"좋아. 그런데 왜 주어와 동사가 안 맞으면 틀린 걸까?"

정태는 곰곰이 생각하다가 고개를 저었습니다. 그래서 한 가지 제안을 했습니다.

"집에 가서 오늘 배운 내용을 동생이나 모르는 친구에게 설명한다고 생각하고 소리 내어 설명해보자. 네가 선생님이 됐다고 상상하면서. 모르는 부분이 나오면 다시 책을 찾아보고 보완하면 돼." 처음엔 반신반의했던 정태는 책상 앞에서 가상의 청중을 상상하며 영어 문법을 큰 소리로 설명하기 시작했습니다. "주절main clause은 문장의 뼈대고, 종속절subordinate clause은 주절을 보완하는 역할을 해요." 그는 노트를 펼치고 중요한 문법 포인트를 다시 적으며 설명하려는 문장을 자신의 언어로 정리했습니다. 몇 번의 연습 후, 그는 깨달음을 얻었습니다. "선생님, 제가 설명하려고 하니까 어디서 막히는지 알겠더라고요. 그래서 그 부분을 다시 찾아보고 외웠더니 이제 이해가 돼요!"

며칠 뒤, 학교 영어 수업에서 문법 문제를 풀던 정태는 자신 있게 손을 들었습니다. "선생님, 이 문제는 종속절 접속사를 잘못 써서 틀린 거예요. 접속사가 맞아야 문장의 구조가 자연스러워져요." 그의 눈빛은 전과 달랐습니다. 정태는 스스로 학습의 주체가 되어가고 있었습니다. 이후 그는 영어뿐만 아니라 다른 과목에서도 설명 학습법을 적용하며 배운 내용을 스스로 정리하는 습관을 들였습니다. "이제 공부가 덜 막히는 것 같아요. 제가 이해한 걸 누군가에게 설명하려고 하면 더 잘 기억에 남아요."

──────○ 설명 학습법의 효과

설명 학습법은 단순히 지식을 전달하는 것을 넘어, 학습자가 스스로 이해의 부족함을 발견하고 이를 채우는 과정입니다. 심리학자 리처드 파인먼Richard Feynman은 "진정으로 이해한 내용은 누구에게든 쉽게 설명할 수 있다"고 말했습니다. 설명은 배운 내용을 다각도로 흡수하고 응용력을 높이는 가장 효과적인 방법입니다.

엘리자베스 비욘Elizabeth Bjork과 로버트 비욘Robert Bjork의 연구에서는 "설명 학습이 뇌의 전두엽과 해마를 자극해 학습 내용을 장기 기억으로 전환하며, 응용력을 높이는 데 효과적"임이 입증되었습니다.

설명 학습법의 핵심

설명 학습법의 핵심은 다음과 같습니다:

· 눈: 학습 내용을 읽고 정리하며, 시각적 자료를 활용
· 입: 자신만의 언어로 소리 내어 설명
· 귀: 설명을 다시 듣고 부족한 부분을 보완

이 과정을 반복하면 학습자는 배운 내용을 자신의 것으로 내재화할 수 있습니다.

────○ 학생들이 실천할 수 있는 설명 학습법

설명 학습법은 모든 학생이 실천할 수 있는 간단하지만 강력한 방법입니다.

중학교 3학년 정태(가명)는 영어 문법 문제를 어려워하며 자신감을 잃어가던 학생이었습니다. 그러던 중 코칭을 통해 가상의 청중을 상상하며 문법 개념을 설명하는 방법을 시도했습니다. 정태는 큰 소리로 문법 개념을 설명하면서 이 과정에서 이전까지 놓쳤던 부분을 발견하여 보완하게 되었고 점점 문법에 자신감을 가지게 되었습니다. 스스로 설명하며 얻은 성취감은 그가 영어에 흥미를 되찾고 다른 과목에서도 같은 학습법을 적용하도록 만들었습니다.

고등학교 1학년 유빈이(가명)는 생물학에서 세포 구조를 외우는 데 어려움을 느끼던 학생이었습니다. 그녀는 단순 암기에서 벗어나 스스로 세포의 역할과 구조를 설명하는 연습을 시작했습니다. "세포막은 이렇게 생겼고, 핵은 정보를 저장하는 역할을 한다"라고 설명하며 배운 내용을 자신의 언어로 정리했습니다. 이를 통해 단순히 정보를 기억하는 것이 아니라, 세포 각 부분의 관계와 역할을 구조적으로 이해할 수 있었습니다. 이 경험은 그가 생물학에 대한 자신감을 높이고 응용력을 키우는 계기가 되었습니다.

고등학교 2학년 민서(가명)는 소모임 학습에서 발표자로 나서며 설명 학습법의 효과를 경험했습니다. 발표를 준비하는 과정에서 학습 내용을 점검하며 자신의 부족한 부분을 발견했고 이를 스스로 보완하는 시간을 가졌습니다. 친구들의 질문에 답하며 학습 내용을 더욱 깊이 이해할 수 있었고, 발표를 마친 후에는 "제가 설명하면서 더 깊이 이해할 수 있었어요"라며 성취감을 느꼈습니다.

이처럼 설명 학습법은 학생이 스스로 학습의 빈틈을 발견하고 이를 채워나가는 과정으로 단순 암기를 넘어 학습의 본질을 이해하고 응용력을 키울 수 있는 강력한 방법입니다.

─────○ 부모의 역할: 설명 학습을 도울 수 있는 방법

설명 학습법은 학생 스스로 실천하는 것이 핵심이지만 부모의 역할도 중요합니다. 그러나 이때 중요한 것은 아이의 학습을 도와주는 방식으로 접근하는 것입니다.

1. 한발 물러서서 지켜보기

부모님은 자녀가 혼자 방에서 큰 소리로 설명하거나 학습 내용을 정리하는 모습을 보더라도 확인하거나 체크하려 하지 않아야 합니다. 자녀가 자신의 속도로 학습하고, 스스로 질문하고 답을 찾는 과정이 완성될 수 있도록 기다려주세요. 지나친 개입은 자녀의 자율성을 저하할 수 있습니다.

2. 격려하기

자녀가 설명하려고 할 때 긍정적인 피드백을 아끼지 마세요. 부모님의 긍정적인 말은 자녀가 스스로 학습을 이어갈 힘을 줍니다.

3. 환경 조성하기

자녀가 학습 내용을 자연스럽게 이야기할 수 있는 환경을 만들어주세요. 예를 들어, 가족 간의 대화 중에 자녀가 학교에서 배운 내용을 이야기하도록 유도하는 것도 좋은 방법입니다. 하지만 이때도 자녀가 강압적으로 느끼지 않도록 유연한 분위기를 유지해야 합니다.

설명 학습법은 단순히 배우는 것을 넘어 학습의 본질을 깨닫는 즐거움을 제공합니다. 설명을 통해 자신의 언어로 개념을 정리하고 부족한 점을 보완하면서 학생은 학습의 주체가 됩니다. 이 과정이 학생에게 자신감을 심어주고 더 큰 도전으로 나아갈 원동력을 제공합니다.

4 학습 내용을
나만의 언어로 이해하라

　중학교 2학년 성원(가명)이는 수학 점수가 오르지 않는 이유를 고민하던 중 중요한 깨달음을 얻었습니다. 문제를 많이 풀고 공식을 외우는 데만 집중했지 정작 문제의 본질을 이해하지 못하고 있던 것이 원인이었습니다. 코칭을 통해 자신의 공부 습관을 돌아본 성원이는 "문제를 외우기만 했지 스스로 설명하거나 이해하려고 해본 적이 없어요"라고 말하며 자신의 학습 방식을 반성했습니다.

　이 깨달음은 성원이의 학습 방식을 전환하는 시작점이 되었습니다. 그는 피타고라스 정리를 단순히 암기하는 대신 "큰 정사

각형의 면적은 두 작은 정사각형의 면적을 더한 거야"라며 자신의 언어로 설명하는 연습을 시작했습니다. 이러한 과정은 문제 풀이를 넘어 수학 개념을 이해하고 응용하는 즐거움을 느끼는 계기가 되었습니다. 성원이는 수학 공부에 대한 자신감을 회복했고, 문제 풀이의 속도와 정확도 모두 향상되는 변화를 경험했습니다.

성원이의 변화는 수학에 그치지 않았습니다. 그는 역사 과목에서도 기존의 학습 방식을 바꾸었습니다. 이전에는 사건과 연도를 단순히 암기했지만, 이제는 사건 간의 연관성을 찾아 자신의 언어로 재구성하기 시작했습니다. "왜 1592년에 임진왜란이 일어났을까?"라는 질문을 던지며, 당시의 사회적·정치적 배경을 이야기로 엮어 나갔습니다. 이러한 접근은 역사적 맥락을 깊이 이해하게 했고, 서술형 문제에서도 두각을 나타내는 계기가 되었습니다.

고등학교 1학년 정서(가명)는 성원이와 비슷한 경험을 생물학 학습에 적용했습니다. 정서는 세포 구조를 단순히 외우기만 하다가 막히는 일이 잦았습니다. 그러나 코칭 후 그는 세포 구조를 그림으로 나타내고 각 부분에 자신만의 이름을 붙이며 학습 내용을 시각화했습니다. 이러한 과정은 단순 암기를 넘어 구조적 이해를 돕고, 개념 간의 관계를 명확히 파악하게 했습니다.

중학교 2학년 재원(가명)이는 광합성 과정을 배우며 비슷한 어려움을 겪었습니다. 이전에는 '빛, 엽록체, 포도당' 같은 단어를 기계적으로 외우는 데 그쳤지만, 이후 그는 '빛→엽록체→포도당 생성' 같은 간단한 도식으로 정리하며 개념을 구조화했습니다. 도식은 복잡한 과정을 간단하게 표현하면서도 맥락을 이해하는 데 도움을 주었고, 재원은 이를 문제 풀이와 서술형 답변에 자연스럽게 응용할 수 있게 되었습니다.

이 학생들의 사례는 학습 내용을 자신의 언어로 정리하고 재구성하는 것이 단순 암기를 넘어 학습의 본질을 이해하고 응용력을 키우는 데 얼마나 효과적인지 보여줍니다. 스스로 개념을 정리하며 이해하는 과정은 학습의 즐거움을 더하고, 성취감을 쌓아가는 첫걸음이 됩니다.

──────○ 실천법: 학습 내용을 자신의 언어로 이해하기

1. 표식과 기호 활용하기
- 선생님이 강조한 내용은 빨간 형광펜으로 표시하고, 부족한 부분은 파란색으로 기록합니다.
- 질문할 내용은 인덱스 테이프를 사용해 표시하며 학습 중 질문과 답을 적어두는 습관을 기릅니다.
- 약어와 상징을 활용해 개념을 단순화합니다.

예: "수요와 공급"→"수"와 "공"

2. 도식으로 표현하기

· 복잡한 내용을 도식으로 간단히 표현합니다.

예: 생물학의 광합성 과정을 "빛→엽록체→포도당 생성"

으로 나타내거나, 역사의 사건들을 흐름도로 정리합니다.

도식은 내용을 간결하게 정리할 뿐 아니라 반복 학습을 통해
기억을 더욱 강화합니다.

3. 표와 그래프 활용하기

· 학습 내용을 표와 그래프로 시각화합니다.

예: 경제학의 수요와 공급 곡선을 그래프로 나타내거나,
과학 실험 데이터를 표로 정리합니다.

· 배운 내용을 설명하며 정리하기

부모나 친구에게 배운 내용을 설명하면서 자신의 언어로 학습
내용을 확인합니다.

"이 개념이 왜 중요한지?"를 설명하며 학습 내용을 더 깊이
이해합니다.

중고등학생의 학습은 스스로 주도적으로 이끌어가는 과정이 되어야 합니다. 따라서 부모는 과도하게 관여하기보다 한발 물러서서 자녀가 학습의 주체가 될 수 있도록 돕는 환경을 조성해야 합니다.

1. 자율성을 존중해줄 것

자녀들이 자신의 방식으로 학습 내용을 정리하고 표현할 수 있도록 시간을 보장해주고, 간섭보다는 신뢰를 보여주는 태도가 중요합니다.

2. 필요할 때 조언자로 나서기

자녀가 학습 과정에서 어려움을 겪을 때, 부모가 적절한 도움을 제공하되 그 도움은 자녀가 요청했을 때만 주는 것이 바람직합니다.

예를 들어, 자녀가 "이 부분이 이해가 잘 안돼요"라고 말한다면 "필요하면 어떤 도움을 줄 수 있을지 이야기해줘"라며 자녀가 스스로 문제를 해결할 기회를 주는 동시에 부모의 역할을 명확히 설정할 수 있습니다.

3. 과정보다 깨달음을 칭찬하기

학습에서의 작은 성공은 단순히 결과가 아니라 그 과정에서 느끼는 깨달음을 통해 이루어집니다.

부모님은 자녀가 새로운 방식을 시도하거나 스스로 학습의 방식을 찾아냈을 때 이를 인정해주는 태도가 필요합니다. 예를 들어, "네가 스스로 이런 방식을 찾아내다니 대단하구나"라고 말하며 자녀가 자기주도 학습의 중요성을 자연스럽게 깨닫도록 도울 수 있습니다.

성원이와 정서, 재원이의 사례에서 보듯, 학습을 자신의 언어로 재구성하는 과정은 암기 중심의 공부에서 벗어나 학습의 본질을 깨닫게 합니다. 이는 학생들에게 단순히 점수를 올리는 것을 넘어 자기주도 학습의 첫걸음을 제공합니다.

부모님은 자녀가 학습을 이해하고 즐기는 과정을 격려하며 점수보다 성장에 초점을 맞추어야 합니다. 이 과정에서 학습은 의무가 아닌 성장과 성취의 여정으로 분명 바뀌게 될 것입니다.

5 작은 성공 경험을 쌓아
셀프 동기부여하라

──────o 작은 변화가 큰 성장을 만든다

"작은 변화가 큰 성장을 만든다." 이 간단한 진리는 학습에서
도 예외가 아닙니다. 작은 목표를 세우고 꾸준히 실천하는 과정
에서 학생들은 자신감을 얻고, 더 큰 도전에 나설 수 있습니다.
그러나 많은 학생이 처음부터 큰 목표에 압도되거나 실패를 경
험하며 좌절하는 경우가 많습니다. 작은 성공 경험을 쌓는 학습
법은 배움의 즐거움을 선사할 뿐 아니라 장기적인 성장을 가능
하게 합니다. 작은 성취가 쌓여가는 과정이 얼마나 강력한 변화

를 만들어낼 수 있는지 살펴보겠습니다.

실제 사례: 시연이의 면접 준비

중학교 3학년 시연(가명)이는 특목고 진학을 위해 면접 준비를 시작했지만, 처음부터 큰 벽에 부딪혔습니다. 학업 성적은 준수했지만 자신의 이야기를 효과적으로 전달하는 면접은 익숙하지 않았습니다. "제가 해왔던 것들을 말하라고 하면 괜히 자랑처럼 들리지 않을까요?" 시연이는 자신의 경험을 풀어내는 데 두려움을 느꼈습니다. 예상 질문에 대한 답을 준비하려 해도 어디서부터 시작해야 할지 막막했습니다.

학습 코칭을 통해 시연이는 자신의 경험을 스토리로 만들어 전달하는 연습을 시작했습니다. 첫 단계는 단순히 자신의 활동들을 나열하는 것이었습니다. "과학 캠프에 참여했고, 실험 대회에 나갔습니다." 이런 단편적인 문장에서 점차 활동의 동기와 배운 점을 스스로 찾아내며 이야기를 구체화했습니다. "과학 캠프에서는 친구들과 팀을 이루어 연구했는데, 데이터를 분석하며 협력의 중요성을 배웠습니다. 이후 실험 대회에 참가했을 때 그 경험이 큰 도움이 되었습니다." 시연이는 이런 방식으로 자신의 경험을 돌아보고 정리하면서 스스로가 해왔던 노력과 성취를 인정하기 시작했습니다.

1차 면접 당일, 시연이는 면접관 앞에서도 연습했던 내용을 안정적으로 풀어냈습니다. 예상하지 못했던 질문도 나왔지만 연습하며 쌓아온 자신감 덕분에 차분하게 답할 수 있었습니다. "그 상황에서는 팀원들과의 대화를 통해 서로의 이견을 조율했던 것이 중요했어요." 면접관들의 고개를 끄덕이게 만든 그의 답변은 노력의 결실을 보여주는 순간이었습니다. 이후 2차 면접에서도 그녀는 더욱 자신감 있는 태도로 자신의 이야기를 풀어냈고 마침내 최종 면접에서 합격의 기쁨을 누렸습니다. 시연이는 이렇게 말했습니다. "이제는 제가 해왔던 것들을 자랑이 아니라, 제 성장의 과정으로 이야기할 수 있게 되었어요. 제 이야기를 스스로 믿게 된 게 가장 큰 변화였던 것 같아요."

시연이의 경험은 작은 성공을 쌓는 과정이 얼마나 중요한지 잘 보여줍니다. 면접 준비는 단순히 질문에 답하는 기술을 배우는 것이 아니라, 자신의 이야기를 스스로 믿고 전달하는 여정임을 깨닫게 해줍니다.

────────○ 작은 성공을 쌓는 실천법

작은 성공을 쌓는 실천법은 학생들이 자신감을 쌓고 점차 더 큰 목표를 달성하는 데 중요한 도구입니다. 다음은 학생들이 실천할 수 있는 구체적인 방법들입니다.

1. 작고 구체적인 목표 설정하기: 큰 목표는 압박감을 주지만 작은 목표는 실행 가능성을 높입니다.
   · 예시: 면접 준비—하루에 자기소개 한 문장을 완성하거나, 예상 질문 하나에 대한 답변 작성하기.
   · 학습 목표: 영어 단어 5개 외우기, 수학 문제 3개 풀기처럼 작고 구체적인 목표로 시작합니다.
   · 예시: 고등학교 1학년 수영(가명)은 영어 듣기에서 짧은 문장 하나를 반복하며 '내일은 두 문장을 시도해보자'는 마음으로 학습을 이어갔습니다.

2. 성과를 가시화하기: 작은 성공은 눈에 보일 때 더 큰 동기부여로 이어집니다.
   · 예시: 시연이는 작성한 면접 답변을 노트에 기록하며 '내가 이렇게 많이 준비했구나'라는 자부심을 느꼈습니다.
   · 실천법: 달성한 목표를 캘린더에 체크하거나, 스티커를 활용해 학습 성과를 시각화합니다. 예쁜 스티커나 체크리스트를 활용하면 학습 과정이 더욱 즐거워집니다.

3. 반복과 확장: 반복 학습은 작은 성공을 내재화하는 데 도움을 줍니다.
   · 예시: 시연이는 같은 질문을 매일 연습하며 점차 긴 답변

도 자연스럽게 말할 수 있었습니다.

· 확장 방법: 수학 문제를 하루 3문제에서 시작해 5문제, 10문제로 늘려가며 자신감을 키워보세요.

· 예시: 고등학교 2학년 민수(가명)는 처음에는 하루에 어려운 수학 문제 한 개를 풀었지만 점차 늘려가며 실력을 향상했습니다. "처음에는 한 문제도 어려웠지만, 이제는 자신감이 생겨 더 많은 문제에 도전하고 있어요."

4. 작은 성공 기념하기: 성공 후에는 스스로를 격려하세요. 간단한 보상은 학습 동기를 유지하는 데 효과적입니다.

· 예시: 작은 보상은 학습에 대한 긍정적인 태도를 강화하고 다음 목표에 대한 동기부여를 높입니다.

───○ 작은 성공을 통해 큰 변화를 만든다

작은 성공은 단순히 하루의 성취감을 주는 데 그치지 않습니다. 그것은 학생들이 학습을 의무가 아닌 즐거움으로 바라볼 수 있게 하는 중요한 전환점입니다. 학습은 거대한 목표를 한꺼번에 이루려는 과정이 아닙니다. 하루하루 작은 목표를 이루며 학생들이 스스로를 믿고 배움의 즐거움을 발견할 수 있도록 돕는 여정입니다.

부모님은 자녀가 작은 목표를 달성할 때마다 진심 어린 격려와 칭찬을 해주십시오. 자녀의 노력을 인정하고 함께 기뻐하는 순간이 쌓여 더 큰 자신감과 동기부여로 이어질 것입니다. 자녀가 오늘의 작은 성공을 통해 내일의 큰 성장을 이뤄나갈 수 있도록 함께 응원해주세요. 작은 성취감이 모이고 모여 결국 더 큰 변화를 만들어낼 것입니다.

이 글은 학생들이 작은 목표를 세우고 이를 달성하며 자신감을 얻는 과정에 중점을 두고 그 과정에서 자기주도 학습을 실천하는 방법을 제시하고 있습니다. 작은 성공을 통해 학습의 즐거움을 찾고, 자기주도 학습자로 성장하는 것은 학생들에게 매우 중요한 경험입니다.

학부모는 자녀가 작은 목표를 설정하고 이를 달성할 때 격려와 칭찬을 아끼지 말고 자녀가 학습을 스스로 주도할 수 있는 환경을 조성하는 데 집중해야 합니다. 자녀의 작은 성공이 더 큰 동기부여로 이어져 지속적인 성장을 돕는 중요한 계기가 될 것입니다.

6 아는 것과 모르는 것을 구분하는 것이 실력이다

────○ 학습의 첫걸음, 모르는 것을 찾아내는 것

중학교 2학년 연서(가명)는 누구보다 성실하게 공부하는 학생이었습니다. 방과 후 학원 수업과 자습 시간까지 빈틈없이 활용했지만 시험 성적은 항상 기대에 미치지 못했습니다. 연서는 늘 이렇게 묻곤 했습니다. "왜 이렇게 노력하는데도 원하는 결과가 나오지 않을까요?" 그녀의 책상 위에는 형광펜으로 표시된 교과서와 노트가 빼곡했지만 정작 자신이 무엇을 알고 있고 무엇을 모르는지는 파악하지 못한 상태였습니다. 모든 내용을 동일한 방식으로 공부하다 보니, 정작 모르는 부분은 방치되고 알고 있는 부분은 불필요하게 반복되면서 시간과 에너지만 낭비되고 있었습니다.

연서는 '모르는 것'을 찾아내고 집중하는 방법을 학습 코칭을 통해 깨달았습니다. 학습 중 확실히 아는 것과 헷갈리는 것, 전혀 모르는 것을 명확하게 구분하는 것은 효율적인 학습의 시작입니다. 예를 들어, 문제집이나 교재의 내용을 색깔로 구분하는 방법을 사용하면 어느 부분을 먼저 공부해야 할지 알 수 있습니다. 이렇게 구분하면, 효율적으로 학습할 수 있는 우선순위를 설정할 수 있습니다.

예시:
· 초록색: 확실히 아는 부분
· 노란색: 헷갈리는 부분
· 빨간색: 모르는 부분

연서는 이 방법을 통해 중요한 학습 전략을 얻었습니다. 빨간색 부분을 먼저 해결하고 나면 자신감이 높아지고 불안한 마음을 줄일 수 있었습니다. 이후 점차 노란색을 점검하며 복습하고 초록색은 간단히 복습하는 방식으로 학습 효율을 높였습니다. 이렇게 작은 목표를 세우고 이를 구체적으로 실천함으로써 연서는 성적 향상뿐만 아니라 자기주도 학습의 주체로 성장할 수 있었습니다.

────○ 효율적인 학습을 위한 실천법

1. 오답 노트 활용하기

오답 노트를 활용하여 틀린 문제를 단순히 기록하는 것을 넘어 왜 틀렸는지 관련 개념을 점검하는 도구로 활용하세요. 오답 노트를 매일 복습하고, 일주일에 한 번 주말을 활용해 다시 풀어보세요.

2. 스스로 테스트하기

자신이 공부한 내용을 바탕으로 스스로 문제를 만들어 점검합니다. 예를 들어, 광합성 과정을 공부한 후 이를 문제로 만들어 풀어보며 부족한 부분을 찾아 보완합니다.

3. 시각적 구분 도구 활용하기

교재나 문제집 내용을 색깔로 구분하거나 표로 정리해 우선순위를 설정합니다. 초록색(아는 것), 노란색(헷갈리는 것), 빨간색(모르는 것)으로 표시하여 복습 방향을 명확히 하고, 중요한 부분부터 복습합니다.

4. 학습 파트너와 함께하기

학습 파트너는 친구일 수도 있지만, 혼자 학습할 때도 효과적으로 활용할 수 있습니다. 학습 내용을 가상의 청중에게 설명하는 연습을 통해 배운 내용을 체계적으로 정리하고, 응용력과 기억력을 강화할 수 있습니다.

─────○ 자기주도 학습을 위한 작은 변화

자기주도 학습의 핵심은 자신의 약점을 인식하고 개선하려는 노력입니다. 이 과정에서 중요한 점은, 모르는 것과 아는 것을 구분하여 학습에 반영하는 것입니다. 이를 통해 학습자는 효율적인 학습을 할 수 있고, 더 나아가 자기주도 학습의 주체로 성장할 수 있습니다. 학생들이 "이건 알고, 저건 더 공부해야 해"라고 점검하는 순간, 배움이 진정으로 자신의 것이 된다는 것을 깨닫게 됩니다.

학습에서 아는 것과 모르는 것을 구분하는 능력은 효율적인 자기주도 학습의 핵심입니다. 작은 변화를 통해 학습을 개선하고, 자기주도 학습자로 성장할 수 있는 능력을 키워야 합니다.

학부모는 자녀가 자기 점검을 통해 학습의 주체로 성장할 수 있도록 돕고, 작은 변화를 격려해주어야 합니다. 작은 성공이 모여 큰 자신감과 동기부여로 이어지며, 결국 자기주도 학습으로 큰 변화를 만들어갈 수 있습니다.

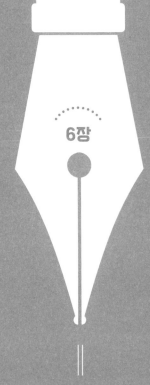

6장

한 단계 더 성장하는
자발적 공부 마인드셋

1 　작은 목표가
큰 동기부여가 된다

　학습에서 가장 중요한 것은 단순히 지식 습득에 그치지 않고 자신이 무엇을 알고 무엇을 모르는지를 파악하는 것입니다. 그리고 이를 바탕으로 학습을 설계하고 실행하는 능력입니다. 이 과정에서 중요한 역할을 하는 것이 바로 '메타인지Meta cognition'입니다. 메타인지란 자신의 학습 과정을 인식하고 이를 바탕으로 학습을 개선하고 조정하는 능력을 의미합니다. 이는 학습자가 자발적으로 학습을 계획하고 실행하는 데 필수적인 능력으로 자기주도 학습의 핵심 요소입니다.

──────○ 작은 목표의 효과

　메타인지를 발전시키는 방법의 하나는 바로 작은 목표의 설정입니다. 작은 목표를 설정하는 과정은 학생들이 자신의 학습을 계획하고 점검하는 능력을 키울 수 있도록 돕습니다. 예를 들어, "오늘 수학 문제 15개를 풀고 그중 3문제를 꼼꼼히 분석하겠다"라는 목표는 단순히 해야 할 일을 나누는 것이 아닙니다. 이 과정에서 학생은 목표를 구체화하고 우선순위를 설정하며, 결과를 점검하고 피드백을 주는 능력을 키웁니다. 또한, 이는 학습을 능동적으로 주도하는 힘을 기르는 중요한 과정이기도 합니다.

　작은 목표를 설정하는 마인드셋은 여러 측면에서 효과적입니다. 작은 목표는 학습의 주도권을 학생에게 부여합니다. 목표가 크거나 막연하면 학생은 목표를 이루는 것이 어렵고, 학습에 대한 동기부여가 떨어질 수 있습니다. 그러나 작은 목표를 설정함으로써 학생은 자신이 원하는 것을 스스로 계획하고, 그 과정에서 얻은 피드백을 통해 점차 학습 효과를 증가시킬 수 있습니다. 교육학자 존 헤티John Hattie는 그의 연구에서 "학생이 작은 목표를 스스로 설정하고 성취한 경험을 통해 얻는 피드백은 학습 효과를 두 배 이상 증가시킨다"라고 강조했습니다. 작은 목표는 단순히 해야 할 일을 나누는 도구가 아니라, 학생이 스스로 학습을 설계하고 통제할 수 있게 돕는 핵심적인 요소입니다.

　심리학적으로도 작은 목표는 매우 중요한 역할을 합니다. 심리학자 앨버트 반두라Albert Bandura는 "작은 목표를 달성한 경험은 자기 효능감을 강화하고, 더 큰 도전에 나설 수 있는 심리적 토대를 제공한다"라고 말했습니다. 자기 효능감이란 자신이 어떤 일을 성공적으로 수행할 수 있다는 믿음으로, 학습 성과에 큰 영향을 미칩니다. 작은 목표는 학생에게 실현할 수 있는 목표를 제시하고, 이를 달성했을 때 얻는 성취감이 반복적으로 쌓이면서 학생의 자신감을 높여줍니다. 반면 큰 목표는 한 번에 이루기 어려운 목표이기 때문에 학생에게 부담감을 줄 수 있습니다. 작은 목표는 그 부담을 줄여주고, 점차 더 큰 목표로 나아갈 수 있는 자신감을 심어줍니다.

　또한, 뇌과학적으로도 작은 목표는 큰 효과를 발휘합니다. 목표를 달성할 때마다 뇌는 도파민이라는 신경전달물질을 분비합니다. 도파민은 성취감을 느낄 때 방출되는 물질로, 학습과 동기 부여를 촉진하는 중요한 역할을 합니다. 존 메디나John Medina는 그의 저서 『브레인 룰스Brain Rules』에서 "작은 성공 경험은 뇌의 보상 시스템을 활성화해 학습을 긍정적인 경험으로 만든다"라고 말했습니다. 도파민의 분비는 학생에게 성취감을 주고 이를 통해 학습에 대한 두려움을 줄이고 자발적으로 학습을 진행할 수 있는 동기부여를 제공합니다. 작은 목표를 반복적으로 달성하며 학습의 긍정적인 경험을 쌓은 학생은 점차 자발적인 학습 태도를 형성하게 됩니다.

──────○ 작은 목표로 자신감과 흥미를 갖자

실제 사례를 보면 작은 목표의 효과가 더욱 분명히 느러납니다. 중학교 1학년 다윤(가명)이는 영어 말하기에 대한 두려움이 있었습니다. '유창하게 영어로 말하기'라는 목표는 너무 막연하고 어려워 시도조차 하지 않았습니다. 그래서 그녀는 작은 목표를 설정했습니다. '하루에 영어로 두 문장을 만들어 말하기'라는 목표를 세운 후 꾸준히 실천하면서 점차 영어를 자연스럽게 활용하는 자신을 발견했습니다. 작은 목표는 다윤이에게 자신감을 심어주었고, 영어 학습에 대한 흥미를 되살리는 계기가 되었습니다.

서원(가명)이는 과학 실험 보고서를 작성하는 데 어려움을 겪고 있었습니다. 그는 어디서부터 시작해야 할지 몰라 항상 막막해했습니다. 그러나 '오늘 실험 결과를 그래프로 정리하기'라는 작은 목표를 설정하고 실천하면서 실험의 맥락을 더 잘 이해하고 과학적 사고력을 키울 수 있었습니다. 작은 목표는 서원이에게 학습의 큰 장벽을 넘을 수 있는 열쇠가 되었습니다.

화인(가명)이는 사회 과목에서 많은 내용을 한꺼번에 암기하려다 실패를 반복했습니다. 그러나 그는 "왜 이 사건이 발생했을까?"라는 질문을 던져 사건의 원인과 결과를 연결하는 학습 방법을 채택했습니다. 이 과정은 단순히 암기를 넘어 학습의 즐거움을 찾게 해주었고 자기 자신이 학습 과정을 주도하는 자신감을 얻게 되었습니다. 화인이의 사례에서도 작은 목표 설정이 중요한 역할을 했습니다.

이처럼 작은 목표는 단순히 해야 할 일을 나누는 것 이상의 의미를 가집니다. 작은 목표 설정은 학생의 학습 태도를 변화시키고 학생이 학습을 주도적으로 이끌어가도록 돕는 중요한 도구입니다. 목표 설정 시에는 구체적이고 측정할 수 있는 목표를 설정해야 하며, 학생의 시간과 에너지를 고려한 현실적인 목표가 중요합니다. 목표가 과도하게 크면 동기 부여 대신 부담으로 작용할 수 있기 때문에, 작은 목표를 설정하고 이를 성취하는 경험을 쌓는 것이 학습을 지속적으로 발전시킬 수 있는 중요한 요소입니다.

작은 목표는 학습의 첫걸음을 넘어 학생이 스스로 학습을 계획하고 실행하며 자신감을 쌓고, 도전을 극복할 수 있는 마인드셋을 형성하는 강력한 도구입니다. 다윤이가 영어 말하기를 두려워하지 않게 된 것처럼, 서원이가 실험 보고서를 막힘없이 작성하게 된 것처럼, 화인이가 학습의 즐거움을 찾은 것처럼, 작은 목표는 학생들의 학습 태도와 사고방식을 근본적으로 변화시킵니다. 오늘 설정한 작은 목표는 내일의 큰 성공으로 이어질 것입니다. 작은 성공이 쌓일수록 학생들은 스스로 생각하고 계획하는 힘을 키워가며 자발적이고 지속 가능한 학습 태도를 갖춘 진정한 학습자로 성장할 것입니다.

2 실패를 성공의 일부로
받아들이게 하라

뇌과학자 앤드류 허버만은 "실패를 단순히 좌절로 보지 않고, 뇌의 신경가소성neuro plasticity을 자극하는 중요한 경험"으로 설명합니다. 신경가소성은 뇌가 새로운 정보를 받아들이고 기존 연결망을 재구성하는 능력으로, 실패는 뇌가 새로운 학습 경로를 만들고 문제 해결 능력을 키우는 촉매제 역할을 합니다. 이처럼 학습에서 실패는 더 나은 방향으로 나아가기 위한 필수적인 단계이며, 이를 통해 학생은 자신의 한계를 뛰어넘을 기회를 가질 수 있습니다.

영화 〈굿 윌 헌팅〉에서 주인공 윌은 자신이 가진 능력을 시험

해보기보다는 실패할 수 있다는 두려움 때문에 그 능력을 활용하지 못합니다. 하지만 상담사 숀과의 대화를 통해 실패를 단지 좌절이 아니라 성장의 기회로 받아들이면서 윌은 자기 잠재력을 발휘하게 됩니다. 이 영화는 실패를 대하는 태도가 얼마나 중요한지, 그 태도 하나로 개인의 삶이 어떻게 변화할 수 있는지를 보여주는 대표적인 영화입니다.

──────○ 실패에서 배운다

실패는 두려운 대상이 아니라 학습과 성장을 촉진하는 도구임을 학생들이 받아들일 수 있도록 돕는 것이 중요합니다. 실패를 통해 무엇이 부족했는지, 어떤 부분을 더 배워야 하는지를 알게 되고 이를 통해 자신이 더 나은 방향으로 나아갈 수 있음을 깨닫게 됩니다.

중학교 3학년 은영(가명)이는 과학 경시대회를 준비하며 매일 밤늦게까지 열심히 연습했지만, 발표 당일 심사위원의 질문에 제대로 답하지 못하고 무너졌습니다. "다른 조건에서는 이 결과가 어떻게 변할 수 있나요?"라는 질문에 그녀는 침묵할 수밖에 없었고 그 부끄러움과 실망감은 깊은 좌절로 이어졌습니다.

그러나 학습 코칭을 통해 은영이는 실패를 감정적으로 받아들이기보다는 논리적으로 분석하는 방법을 배우게 되었습니다. 그녀는 실험 결과를 단순히 외우는 데 집중했던 것을 반성하고, 데이터를 여러 시각에서 바라보며 해석하는 연습을 했습니다. "다른 조건에서는 결과가 어떻게 변할까?"라는 질문을 던지며 실험을 재설계한 은영이는 실패를 통해 새로운 학습 기회를 얻었고 발표 준비에 대한 자신감을 되찾았습니다. 이후 경시대회를 준비하면서 예상 질문에 대한 답을 준비하고 발표 중 받은 질문에 논리적으로 대응할 수 있는 능력을 키우게 되었습니다. 그 결과, 은영이는 발표를 성공적으로 마쳤고, "그때의 경험이 없었다면, 저는 지금의 자신감을 가질 수 없었을 거예요"라고 말했습니다.

은영이의 부모님은 자녀와 함께 실패를 대하는 태도에 대해 많은 대화를 나누었습니다. 부모님은 은영이의 실패를 부족함으로 간주하기보다는 학습의 일부로 받아들이고 격려하며 기다려주었고, 그 지원이 은영이에게 큰 힘이 되었습니다. "실패를 긍정적으로 받아들이는 태도가 회복탄력성과 학습 동기에 큰 영향을 미친다"라는 심리학자 마틴 셀리그먼Martin Seligman의 말을 통해, 부모님의 신뢰와 기다림이 자녀에게 얼마나 중요한지 깨닫게 되었습니다. 자녀가 실패를 학습의 도구로 삼을 수 있도록 믿어주고 기다려주는 것이 중요합니다.

실패는 다음과 같은 몇가지 지점에서 성공을 위한 밑거름이 되어줍니다.

첫째, 실패는 성장의 발판이 됩니다. 실패는 무엇이 부족했는지, 무엇을 더 배워야 하는지 알려주는 신호입니다. 학습 과정에서 실패는 단순히 문제를 지적하는 것이 아니라, 자기주도 학습의 빈틈을 채우는 기회를 제공합니다.

둘째, 실패는 문제를 확장하는 자극이 됩니다. "왜 실패했을까?"라는 질문은 기존의 한계를 넘어 창의적인 해결책을 모색하도록 돕습니다. 실패는 학습자가 새로운 시각으로 문제를 바라보게 하며 사고의 폭을 넓히는 계기를 제공합니다.

셋째, 실패는 자신감을 키우는 경험입니다. 실패를 극복하고 작은 성공을 이루는 과정에서 학생은 '나는 다시 도전할 수 있다'는 자신감을 얻게 됩니다. 이는 학습 전반에 걸쳐 지속적인 동기 부여로 작용합니다.

뇌과학적으로 실패는 단순히 좌절로 끝나지 않습니다. 앤드류 허버만은 "실패는 뇌의 신경가소성을 자극하며, 다시 시도하는 과정에서 새로운 연결망을 형성한다"라고 설명합니다. 뇌는 실패를 통해 기존 데이터를 재구성하고 새로운 학습 경로를 만들어갑니다. 실패를 발전의 계기로 받아들일 때, 학생은 좌절감을 넘어 학습의 본질을 이해하게 되며, 더 나은 방향으로 나아갈 수 있습니다.

은영이의 사례는 실패가 단순히 좌절이 아니라 성장의 시작점임을 보여줍니다. 실패를 두려워하지 않고 이를 학습의 일부로 받아들일 수 있다면 학생은 점차 자신감을 회복하고 더 큰 도전으로 나아갈 수 있습니다. 부모님이 자녀가 실패를 통해 배우고 성장할 수 있도록 믿어주고 기다려주는 것이 자기주도 학습을 완성하는 가장 중요한 태도입니다.

오늘의 실패가 내일의 성공으로 이어질 수 있음을 믿고 그 과정을 응원해주세요. 배움은 실패와 도전을 통해 더욱 깊고 단단해질 것입니다. 실패는 결코 끝이 아니라 더 나은 시작을 위한 준비입니다.

3 지속 가능한 학습 동기를
스스로 만들자

    자녀가 하루 종일 책상에 앉아 공부를 하는데도 성적이 기대만큼 오르지 않을 때 부모님은 더 많은 지원과 격려를 고민하며 답답함을 느낍니다. 그러나 실제로 성적과 경쟁에 치열한 현실 속에서 자발적인 학습 동기나 즐거움은 아이들에게 쉽게 찾아지지 않습니다. 여기서 부모님이 알아야 할 중요한 점은 외부에서 강요되는 목표가 아닌 아이 스스로의 동기가 학습의 지속 가능성을 끌어낸다는 사실입니다.

지속 가능한 학습 동기는 외부에서 주어지는 압박이나 성적 향상을 목표로 하는 일시적인 동기와는 다릅니다. 그것은 자기 주도적이고 내면에서 우러나오는 동기로, 학습의 과정 자체를 즐기는 마인드셋에서 출발합니다. 중학교 2학년 정빈(가명)이의 경우, 처음에는 부모님의 권유로 과학 동아리에 가입했습니다. 하지만 정빈이에게 이 활동은 성적을 위한 또 다른 의무에 불과했습니다. 그는 학기 초에 이 활동을 단지 '성적을 올리기 위한 수단'이라고 여겼습니다.

그러나 정빈이가 스스로 좋아하는 주제를 탐구하며 학습을 진행하는 과정에서 그의 생각은 달라졌습니다. 정빈이는 우주에 대한 탐구를 시작하면서 학습이 단순한 시험 준비가 아니라 자신의 호기심을 충족시키는 과정임을 깨달았습니다. 처음에는 '하루 10분씩만 내가 좋아하는 것에 대해 알아보자'라는 간단한 목표로 시작했던 정빈이의 학습은 점차 하루 30분, 주말에는 관련 자료를 찾아보는 자연스러운 탐구로 확장되었습니다. 이 과정에서 그는 학습의 주도권을 스스로 가지며 자발적인 동기가 생기기 시작했습니다.

정빈이의 여정에서 중요한 점은 '자기주도적인 학습'입니다. 자발적으로 흥미를 느끼는 주제를 스스로 탐구함으로써 정빈이는 학습이 강요된 것이 아니라 자기 성장의 과정으로 다가오게 되었습니다. 학습의 동기는 외부에서 강제로 얻는 것이 아니라 자신이 진정으로 흥미를 느끼는 부분에서 자발적으로 나온다는 점에서 지속 가능하고 의미 있는 변화를 만들어갑니다.

정빈이가 학습을 진행하면서 경험한 중요한 변화 중 하나는 실패를 어떻게 받아들이고 그 경험을 성장의 기회로 삼았는지입니다. 발표 중 예상치 못한 질문을 받았을 때의 좌절은 그에게 중요한 학습 기회가 되었습니다. 그는 이 실패를 단순히 부끄러운 기억으로 남기지 않았고, 오히려 더 깊이 탐구하고 준비하여 다음번 발표에서 더 나은 모습을 보였습니다. 실패는 더 나은 배움의 기회가 되었고, 이를 통해 성장하는 자신을 발견하게 되었습니다.

───○ 지속 가능한 학습 동기

이처럼 지속 가능한 학습 동기를 만들기 위한 주요 요소는 다음과 같습니다.

첫째, 내면에서 흥미를 느끼는 주제를 찾아나가는 것입니다. 학습이 단지 성적을 위한 도구가 아니라, 자신의 관심사와 연관된 주제를 탐구하는 과정이 되어야 합니다. 정빈이처럼 흥미를 느끼는 분야에서 시작된 자발적인 동기는 결국 학습을 즐기게 만들고, 지속적으로 발전해나갈 수 있는 기반이 됩니다.

둘째, 작은 목표를 설정하고 그 목표를 달성해가는 과정에서 느끼는 성취감입니다. 정빈이의 경우 '하루에 10분씩 내가 좋아하는 것에 대해 알아보자'라는 작은 목표로 시작해 점차 더 큰 목표로 확장해나갔습니다. 이 작은 목표들은 그에게 성취감을 주었고 그 성취감은 다음 목표를 설정하는 원동력이 되었습니다. 작은 목표를 차근차근 실현하면서 지속 가능한 동기가 형성된 것입니다.

셋째, 학습의 과정 자체를 즐기며 그 과정에서 얻는 경험을 통해 지속 가능한 동기를 만들어갑니다. 정빈이가 태양계를 공부하면서 단순히 암기하는 것이 아닌 창의적인 방식으로 학습에 접근했던 것처럼 학습은 그 자체로 흥미롭고 재미있을 수 있습니다. 학습이 성과를 넘어서는 과정으로 자리 잡을 때 자기주도적인 학습이 가능해집니다.

학생들이 지속 가능한 학습 동기를 스스로 만들어갈 수 있도록 부모님이 할 수 있는 역할은 긍정적인 피드백을 제공하는 것입니다. 자녀가 자발적으로 흥미를 찾고 그 동기로 학습을 이끌어갈 수 있도록 돕는 것이 부모의 역할입니다. 단순히 성과를 평가하는 것이 아니라, 학습 과정에서 자녀가 경험하는 성취감과 변화에 관해 관심을 가지고 그 노력을 격려하는 것이 중요합니다.

    오늘 자녀가 무언가를 통해 동기를 발견하고, 그 동기가 내일의 성공으로 이어질 수 있도록 자녀가 스스로 학습을 주도할 수 있는 환경을 만들어주세요. 지속 가능한 학습의 동기는 단기적인 성과가 아닌 자녀의 미래를 위한 깊고 의미 있는 학습 여정을 만들어가는 데 큰 역할을 할 것입니다.

4 성취감을
꾸준히 유지하는 법

많은 부모님이 자녀가 열심히 공부하는데도 기대한 성과를 내지 못할 때 그 이유를 궁금해합니다. 그럴 때일수록 중요한 것은 단기적인 성과에 집착하기보다는 학습의 본질을 이해하고 학습을 즐길 수 있는 동기를 만드는 것입니다. 학습에서 성취감은 한 번의 성공 경험에 그치지 않고 지속적으로 이어질 수 있는 동력으로 작용해야 합니다. 그 성취감을 유지하고 점차 더 큰 동기로 확장해나가는 방법이 무엇일까요? 이는 꾸준한 노력과 자기주도적인 학습 태도에서 시작됩니다.

고등학교 3학년 승용(가명)이는 중간고사에서 큰 성과를 냈습니다. 부모님께 칭찬도 받았고 친구들에게도 인정받았지만 기말고사를 준비하면서는 의욕이 사라진 듯 보였습니다. 승용이는 코칭 시간에 이렇게 말했습니다. "저번 시험에서는 정말 열심히 했는데, 이번에는 왜 이렇게 의욕이 안 생길까요? 성취감이 사라진 것 같아요."

코칭을 통해 승용이는 마라톤과 학습의 공통점을 발견하며 새로운 접근 방식을 시도하기 시작했습니다. 마라톤에서는 단 한 번의 스퍼트로 완주가 불가능합니다. 완주를 위해서는 일정한 페이스를 유지하며 킬로미터마다 작은 목표를 설정하고 이를 달성하며 나아가야 합니다. 승용이는 학습에서도 이 원리를 적용했습니다. 매일 자신이 이룰 수 있는 작은 목표를 설정하고 이를 달성한 뒤 기록하며 스스로를 점검했습니다. 처음에는 '과학 소단원 하나 이해하기'나 '비문학 하나 읽기'처럼 간단한 목표를 세웠습니다. 처음엔 "귀찮아서 못 하겠어요"라고 하던 승용이도 기록된 작은 성공을 보며 생각이 달라지기 시작했습니다. "기록된 걸 보니 제가 꽤 많이 해냈더라고요. 이게 다음 목표로 나아가는 데 정말 큰 힘이 되었어요." 승용이는 성취감을 짧은 만족으로 끝내지 않고, 이를 바탕으로 자신감을 얻으며 성취의 연속성을 만들어갔습니다.

　심리학자 캐럴 드웩은 "성취감을 유지하려면 고정된 결과에 집중하기보다는 성장 과정에 집중하는 성장 마인드셋이 필요하다"라고 말합니다. 또한 "성취감은 지속적인 노력과 과정에서 스스로 성장 가능성을 발견할 때 가장 강력해진다"라고 강조합니다. 학생들이 성취감을 유지하려면 한 번의 성공에 의존하기보다는 그 과정을 반복하며 스스로 성장했다고 느끼는 경험이 중요합니다.

─────○ 성장 마인드셋

　또한, 뇌과학자 앤드류 휴버먼Andrew Huberman은 "작은 성공들이 뇌의 도파민 시스템을 활성화하여 성취감을 강화하고, 이를 바탕으로 더 큰 도전을 가능하게 만든다"라고 설명합니다. 도파민은 단순히 기분을 좋게 하는 물질이 아닙니다. 뇌가 학습과 성취를 긍정적인 경험으로 받아들이도록 도와주며, 지속 가능한 학습 동기의 원천이 됩니다. 학생들에게 성취감은 단순히 기분 좋은 감정이 아니라 다음 목표로 나아갈 수 있는 동력을 만들어 주는 중요한 기제입니다.

　성취감을 꾸준히 유지하려면 몇 가지 핵심적인 마인드셋이 필요합니다.

첫째, 과정에서 즐거움을 찾아야 합니다. 성취감은 결과에서만 오는 것이 아니라 노력과 도전의 과정 속에서도 충분히 발견할 수 있습니다. 예를 들어, 학생들이 문제를 풀며 '아! 이런 원리였구나' 하는 깨달음을 얻거나 몰입 속에서 시간을 잊고 공부할 때 느끼는 작은 즐거움은 매우 중요한 동기입니다.

둘째, 내적 동기를 발견하는 것이 중요합니다. 외부의 평가나 인정보다는 스스로 설정한 목표와 가치를 중심으로 학습하는 태도가 성취감을 지속시키는 원천이 됩니다. 승용이가 처음 작은 목표를 세우고 성취감을 느끼기 시작했을 때, 그것은 부모님이 설정해준 목표가 아니라 자신의 필요와 열망에서 시작된 것이었습니다.

셋째, 작은 성공을 꾸준히 축적해야 합니다. 한 번의 큰 성취에 의존하기보다 매일 작은 목표를 세우고 이를 달성하는 경험을 반복해야 합니다. 승용이는 매일의 작은 목표를 기록하며 성취감을 느꼈고, 이는 자기 효능감을 크게 높이는 계기가 되었습니다. 자기 효능감이란 '내가 이걸 해낼 수 있다'는 믿음으로, 이는 더 큰 목표로 나아가는 강력한 동력이 됩니다.

마지막으로 성취의 원인을 파악하는 연습이 필요합니다. '왜 이 목표를 달성할 수 있었을까?'라는 질문을 통해 자신의 노력을 분석하고, 다음 목표로 연결하는 사고방식을 길러야 합니다.

학생들이 성취의 이유를 이해할 때, 성취감은 단순히 운 좋은 결과가 아니라 자신의 노력에서 비롯된 것임을 깨닫게 됩니다.

승용이의 경험은 성취감이 단발적으로 끝나는 것이 아니라 꾸준히 이어질 수 있음을 보여줍니다. 성취감은 단순히 목표를 이루는 데서 끝나지 않습니다. 그것은 학생들이 스스로 성장 가능성을 발견하고 이를 지속적으로 확장할 수 있게 만드는 강력한 동기입니다. 성취감을 통해 스스로를 믿는 힘을 얻은 학생은 더 이상 외부의 평가나 결과에만 의존하지 않습니다. 그들은 자신만의 물레방아를 끊임없이 돌리며, 배움과 성장의 여정을 즐기게 됩니다.

오늘 자녀는 어떤 성취감을 느끼고 있을까요? 그 성취감을 어떻게 다음 단계로 연결할 수 있을까요? 스스로에게, 그리고 자녀에게 질문해보세요. 이 질문이 작은 물줄기가 되어 자녀가 큰 강을 만들어가는 여정의 시작이 될 것입니다.

5 작은 성취가 가져오는
자신감의 힘

    작은 성공은 학생들에게 단순히 성취감을 넘어 자신을 믿는 힘을 키워줍니다. 자신감은 '내가 이 일을 해낼 수 있다'는 믿음으로, 학습뿐 아니라 삶의 태도에도 깊은 영향을 미칩니다. 그런 자신감은 한순간에 만들어지는 것이 아닙니다. 작지만 실현할 수 있는 목표를 달성하면서 반복적으로 경험하는 작은 성공들이 모여 내면 깊이 자리 잡습니다. 이러한 작은 성공은 학생들이 자신을 믿고 더 큰 도전에 나아갈 수 있는 원동력이 됩니다.

고등학교 2학년 도경(가명)이의 이야기는 작은 성공이 학생들의 성장에 어떤 영향을 미치는지 잘 보여줍니다. 과학 발표 대회를 준비하던 도경이는 처음에는 예상 질문에 대답하지 못하고 긴장으로 발표 도중 말을 잇지 못하는 상황에 자주 직면했습니다. "제가 과연 할 수 있을까요?"라는 질문 속에 담긴 불안감과 자신감 부족은 그가 코칭 세션을 시작하게 된 이유였습니다.

코칭을 통해 도경이는 발표라는 큰 과제를 작고 실현 가능한 목표로 나누는 법을 배웠습니다. 그는 '오늘 예상 질문 하나에만 대답해보자'라는 단순한 목표를 정하고 방 안에서 인형을 두고 연습하기 시작했습니다. 처음에는 대답에 막히거나 긴장으로 목소리가 떨리기도 했습니다. 하지만 시간이 지나면서 질문에 차분히 답할 수 있는 자신감을 얻게 되었습니다. 그다음은 자신이 연습하는 것을 녹음시키며 연습했습니다. 이렇게 몇 번의 연습을 시도하고 나니 "생각만큼 어렵지 않다는 생각이 들었다"고 합니다.

도경이에게는 이 작은 연습이 성취감을 맛볼 수 있는 작은 성공으로 이어진 셈입니다. 그 이후 도경이의 발표 실력을 키우는 시작점이 되었고 매일 반복되는 성공은 그의 자신감을 조금씩 쌓아 올렸습니다.

발표 연습에서 예상 질문에 대답하지 못한 날도 있었습니다. 그러나 코칭 세션에서 도경이는 실패의 원인을 분석하며 부족한 점을 보완하는 방법을 배웠습니다. 그는 더 이상 '실패는 끝'이라고 생각하지 않았습니다. 대신 실패를 '다시 도전할 기회'로 여겼고 부족한 부분을 채우기 위한 전략을 만들어갔습니다. 이러한 과정은 발표 대회 당일 그의 침착한 태도로 이어졌습니다. 발표 도중 기술적인 문제가 발생했을 때, 도경이는 당황하지 않고 문제를 해결하며 발표를 이어갔습니다. 그가 보여준 자신감과 안정감은 심사위원들에게 깊은 인상을 남겼고 결국 그는 대회에서 1등을 차지했습니다.

대회 후 도경이는 "작은 목표를 이루는 과정에서 자신감을 얻었어요. 그 경험이 없었다면 오늘의 결과도 없었을 거예요"라고 말했습니다. 코칭을 통해 그는 단순히 발표 기술을 넘어 자신에 대한 믿음을 키우고 실패를 대하는 태도를 바꾸는 법을 배웠습니다. 이 과정은 학습뿐 아니라 그의 전반적인 태도와 사고방식을 변화시켰습니다.

──────○ 성공을 위한 뇌의 회로를 구축하라

심리학자 앨버트 반두라는 "작은 성공 경험은 자기 효능감을 강화하며, 더 큰 도전을 가능하게 한다"고 설명합니다. 이는 도경이의 경험을 통해 더욱 명확해집니다. 작은 성공은 단순히 발표 대회를 위한 준비에서 끝나지 않고 새로운 도전을 긍정적으로 받아들이는 태도와 성장을 즐기는 자세로 이어졌습니다. 도경이는 더 이상 '내가 할 수 있을까?'라고 묻지 않았습니다. 대신 '이번에도 해낼 수 있어'라는 믿음으로 과제를 대했습니다.

작은 성공이 가져오는 변화는 뇌과학적으로도 설명됩니다. 뇌과학자 캐롤라인 리프는 "작은 성공은 뇌의 보상 시스템을 활성화하여 도파민 분비를 촉진하고, 뉴런 간 연결을 강화한다"라고 말합니다. 도경이가 매일 작은 목표를 달성하며 성취감을 느낀 경험은 그의 학습 습관을 강화하고 더 높은 목표를 설정할 수 있는 신경학적 기반을 형성했습니다.

학습은 단순히 성적을 올리는 과정이 아닙니다. 자신의 가능성을 발견하고 실패와 성공을 통해 자신만의 방법으로 성장해나가는 여정입니다. 도경이는 작은 성공의 반복을 통해 자신감과 문제 해결 능력을 키웠고 이러한 변화는 그에게 학습과 삶에 대한 새로운 관점을 심어주었습니다.

오늘 자녀가 이루고자 하는 작은 목표는 무엇인가요? 그 목표가 지금은 작고 사소해 보일지 몰라도 그 안에는 더 큰 자신감과 가능성을 열어줄 씨앗이 숨어 있습니다. 지금 자녀는 그 씨앗을 어떻게 키워가고 있을까요? 그리고 부모로서 자녀의 작은 성공에 어떤 응원과 기다림을 보낼 준비가 되어 있으신가요? 이 질문들은 오늘의 작은 성공이 내일의 큰 도전을 가능하게 하는 첫걸음이 될 것입니다.

6. 계단식 목표 설정으로 성장의 발판을 만들어라

높은 산을 오를 때 첫걸음은 언제나 막막하게 느껴지기 마련입니다. 하지만 산을 오르는 데 능숙한 사람들은 처음부터 정상만을 바라보지 않습니다. 그들은 오늘은 첫 번째 쉼터까지만 도달하겠다는 구체적이고 현실적인 목표를 세웁니다. 공부도 마찬가지입니다. 멀리 있는 목표에만 집중하면 부담과 좌절로 이어지기 쉽습니다. 반면, 계단식 목표 설정은 작은 단계를 하나씩 오르며 학습의 의미를 재발견하고 성장의 발판을 만드는 데 중요한 역할을 합니다.

고등학교 2학년 지성이(가명)는 학기 초 전교 5등이라는 거창한 목표를 세웠습니다. 하지만 막연한 목표를 이루기 위해 시간만 쏟아 부은 결과는 실패와 좌절이었습니다. 그는 목표가 자신에게 부담으로 작용하는 걸 깨달았지만 새로운 목표를 세우는 것조차 두려워지고 말았습니다.

코칭을 통해 그는 처음으로 계단식 목표 설정이라는 접근법을 배우게 되었습니다. 지성이는 더는 성과 중심적인 큰 목표를 세우지 않고, 작은 단계로 목표를 나누기 시작했습니다. 그가 설정한 목표는 단순하고 구체적이었습니다. '하루에 수학 문제 10개 풀기', '국어 비문학 지문 1개 분석하기'처럼 실현할 수 있는 행동으로 쪼갠 것입니다. 중요한 점은 이러한 작은 목표들이 단순히 실행 과제에 그치지 않고, 지성이가 학습 과정에서 자신의 약점과 강점을 명확히 파악할 수 있는 도구가 되었다는 것입니다. 그는 매일 자신의 목표를 기록하고, 각 목표가 자신에게 어떤 의미를 주었는지 돌아보며 학습 태도를 조금씩 바꾸기 시작했습니다.

처음엔 작아 보였던 변화는 점차 지성이의 사고방식을 크게 전환하는 계기가 되었습니다. 이전에는 성적을 올리는 것이 유일한 목표였지만 이제는 학습의 과정을 통해 '무엇을 배우고, 어떤 점에서 성장하고 있는가?'를 고민하기 시작했습니다. 그는 단순히 문제를 푸는 데 그치지 않고, 그 문제를 통해 얻은 깨달음과 자신만의 학습 방식을 정립하는 과정에 몰입하게 되었습니다. 이런 변화는 학습에 대한 내적 동기를 강화하며 지성이를 더 큰 도전으로 이끌었습니다. 그는 국어 공부에서 특정 지문의 내용을 단순히 이해하는 데서 나아가 글쓴이의 의도를 스스로 정리하고 자신의 관점으로 해석하는 연습을 시작했습니다. 수학 공부에서도 문제를 푸는 것뿐 아니라 자신만의 풀이법을 만들어 설명하는 방식으로 접근했습니다. 이런 과정은 그의 학습이 단순한 결과물 생산에서 벗어나 창의적이고 확장할 수 있는 경험이 되게 했습니다.

심리학자 에드워드 데시Edward Deci는 "인간은 자신의 목표를 설정하고 그것을 실현할 때 가장 큰 성장을 이룬다"라고 말했습니다. 계단식 목표 설정은 단순히 작은 성공을 반복하는 기술적 접근이 아닙니다. 그것은 학생들이 자신을 이해하고 학습을 주도하며 배움의 과정을 긍정적으로 받아들이도록 돕는 사고방식입니다. 지성이의 변화는 이를 잘 보여줍니다. 그는 더 이상 목표를 성취의 결과물로만 여기지 않았습니다. 목표를 달성하는 과정에서 느낀 성취감과 이를 바탕으로 다음 도전을 설계하는 법을 배웠습니다.

비슷한 이야기는 마라톤을 준비하던 초보 주자에게서도 찾아볼 수 있습니다. 그는 처음 5킬로미터를 달리는 것조차 버거워했지만 '1킬로미터를 달리고 30초 걷기'라는 작은 목표로 시작했습니다. 매주 조금씩 달리는 거리를 늘려가며 그는 결국 42.195킬로미터를 완주했습니다. 그는 말했습니다. "작은 목표를 성취할 때마다 자신감을 얻었고, 나에 대한 믿음이 생겼습니다." 작은 목표가 쌓여 큰 성과로 이어지는 과정은 단순한 도전이 아니라 자기 자신을 발견하는 여정이었습니다.

계단식 목표 설정은 학습에서도 이와 같은 역할을 합니다. 제임스 클리어James Clear는 그의 저서 『아주 작은 습관의 힘Atomic Habits』에서 "매일 1퍼센트씩 나아지기 위해 작은 목표를 꾸준히 실천한다면, 1년 뒤에는 놀랄 만큼 큰 변화를 경험할 수 있다"라고 강조합니다. 그는 작은 성취가 개인의 정체성을 바꾸는 데까지 이어질 수 있음을 역설했습니다.

지성이가 작은 성공의 반복을 통해 자신감을 쌓아 올린 것처럼 계단식 목표는 단순한 학습 방법론을 넘어 학생의 사고방식과 학습 태도를 변화시키는 강력한 도구입니다. 학생들은 목표를 성취하며 자신이 성장하고 있음을 느끼고, 실패를 두려워하지 않는 태도를 기르게 됩니다. 무엇보다 목표 달성이 끝이 아니라, 그 목표를 통해 자신이 무엇을 배웠는지를 성찰하는 과정에서 진정한 학습의 즐거움을 발견하게 됩니다.

그렇다면, 지금 우리의 자녀는 어떤 계단 위에 서 있나요? 그 계단이 너무 높아 보이거나 막연하게 느껴지지는 않을까요? 오늘 자녀와 함께 현실적이고 실현할 수 있는 작은 계단을 설계해보는 것은 어떨까요? 그리고 그 계단을 통해 자녀가 자신의 가능성을 발견하고 더 높은 곳으로 나아갈 수 있도록 대화를 시작해보세요. 내일 자녀가 한 발 더 올라설 작은 계단은 무엇일까요? 그 답은 자녀와의 대화를 통해 발견될 것입니다.

7장

스스로 공부하는 아이가
미래를 만든다

1 평생 공부하는 힘을 알게 하는
자발적 공부

"인공지능과 협업하며 새로운 가치를 창출해야 하는 시대, 우리가 정말 아이들에게 가르쳐야 할 것은 무엇일까요?"

이 질문은 최근 세계경제포럼WEF에서 발표한 미래 직업 보고서에서 제기된 화두입니다. 이 보고서에 따르면, 2030년까지 창의적 사고와 문제 해결 능력이 가장 중요한 역량으로 자리를 잡을 것이라고 강조하고 있습니다. 반복적인 업무는 자동화되고, 인간은 더 창의적이고 자기주도적인 능력으로 경쟁력을 갖춰야 하는 시대가 열리고 있습니다. 이런 시대에서 자발적 공부는 단순히 시험 점수를 위한 도구가 아니라, 삶을 설계하고 미래를 준비하는 중요한 원동력이 됩니다.

○ 자발적 공부는 삶의 자세다

자발적 공부는 이제 더 이상 학문적 성과만을 추구하는 것이 아닙니다. 아이들은 세상에서 가장 중요한 질문들을 스스로 던지고, 그에 대한 답을 찾는 과정에서 진정한 학습의 본질을 깨닫게 됩니다. 공부는 더 이상 누군가가 주는 답을 외우는 일이 아니라, 자기 자신만의 방식으로 문제를 해결하고, 그 과정에서 새로운 아이디어를 창출하는 여정이 됩니다.

중학교 3학년 승채(가명)는 과학 프로젝트를 통해 처음으로 자신만의 방식으로 문제를 해결하는 경험을 했습니다. 그는 기존의 정답을 찾는 데 그치지 않고, '왜 이런 결과가 나왔을까?'라는 질문을 팀원들과 함께 고민하며 탐구를 이어갔습니다. 이 과정에서 승채는 단순히 문제를 해결하는 것을 넘어 새로운 아이디어를 만들어내는 경험을 했습니다. 그의 학습 동기는 문제를 풀어나가는 과정에서 자연스럽게 끌어올려졌고, 그 결과는 그의 발표에서 다른 팀과는 차별화된 통찰로 나타났습니다. 승채는 학습을 단순한 과제 해결이 아니라, 자신의 사고를 발전시키는 중요한 과정으로 여기게 되었습니다.

이 경험은 그에게 '나는 할 수 있다'는 자신감을 심어주었습니다. 이 자신감은 다른 과목에서도 도전적인 접근을 하도록 했고, 스스로 문제를 풀어가는 과정에서 즐거움을 느끼기 시작했습니다. 그가 얻은 성취감은 단순히 과제를 해결하는 데 그치지 않았고 창의적이고 자기주도적인 사고의 틀을 형성하는 데 중요한 역할을 했습니다. 승재는 이제 '어떻게 하면 더 나은 결과를 도출할 수 있을까?'를 스스로 고민하며 학습을 이끌어가고 있습니다.

승채의 경험은 창의적 학습이 어떻게 사고의 틀을 확장하는지를 잘 보여줍니다. 최근 한 고등학생이 역사 과제를 위해 중요한 사건들을 자신의 관점에서 재구성해 만화 형식으로 표현한 경험을 공유했습니다. 그 학생은 단순히 사건의 배경과 사실만을 암기한 것이 아니라, 사건 간의 연결성과 그 의미를 자신의 방식으로 해석해보며 깊이 있는 이해를 얻었습니다. 이 과제는 단순한 시험 준비가 아니라, 그 학생에게 학문적 호기심과 자기표현력, 그리고 문제 해결 능력을 키우는 중요한 경험이 되었습니다.

이와 같은 창의적 학습은 단순히 성적 향상에 그치지 않고, 세상을 바라보는 방식 자체를 변화시키는 힘을 가집니다. 자발적 학습을 통해 아이들은 정답을 외우는 학습의 틀에서 벗어나, 세상을 스스로 탐구하고 이해하는 방식으로 나아가게 됩니다. 이는 아이들이 스스로 문제를 정의하고, 그에 대한 해결책을 찾는 능력을 기르는 데 중요한 기반이 됩니다.

자발적 학습에서 중요한 또 다른 요소는 문제 해결 능력과 실패를 대하는 태도입니다. 자발적 학습은 단순히 지식을 쌓는 것이 아니라, 문제를 해결하는 과정을 반복하며 자신감을 키우는 데 중점을 둡니다. 아이들이 실패를 경험하고 다시 도전히는 과정에서 '나는 이겨낼 수 있다'는 자기 효능감을 얻게 됩니다.

───────○ 자발적 공부, 미래를 위한 준비

뇌과학자 카롤린 리프Caroline Leaf는 "실패를 긍정적으로 받아들이는 태도는 뇌가 새로운 연결을 형성하고 기존의 데이터를 더 효과적으로 활용하도록 돕는다"라고 말합니다. 이는 실패와 성공의 반복을 통해 학습자의 신경망이 강화된다는 사실을 보여줍니다. 실패를 극복하는 과정에서 아이들은 자기 자신을 더욱 믿게 되고 더 큰 도전에 나설 용기를 얻게 됩니다. 그리고 이 과정에서 얻은 성취감은, 단지 학문적인 성취가 아닌 자신에 대한 믿음과 더 큰 도전으로 나아갈 수 있는 자신감을 심어줍니다.

한 학부모는 자녀의 변화를 이렇게 이야기했습니다. "아이가 스스로 공부하기 시작하면서 성적보다도 삶을 대하는 태도가 달라졌어요. 스스로 문제를 해결하려는 자세를 갖추게 되니 성적은 자연스럽게 따라오더라고요."이 사례는 자발적 공부가 단순히 성적 향상을 위한 도구가 아니라, 삶의 전반적인 태도와 사고방식을 변화시킨다는 점을 잘 보여줍니다.

자발적 학습은 아이들에게 단순히 정답을 가르치는 것이 아니라, 스스로 질문을 던지고 답을 찾는 법을 배우게 합니다. 그 과정에서 배움은 지식을 쌓는 일이 아니라 자신을 성장시키고 세상을 탐구하는 여정이 됩니다. 자발적 학습을 통해 아이들은 문제 해결의 중요한 경험을 축적하며, 실패를 두려워하지 않고 다시 일어설 힘을 기르게 됩니다.

"오늘 우리의 자녀는 어떤 질문을 던졌나요? 그리고 그 답을 찾기 위해 어떤 노력을 했나요?"이 질문에 대한 답을 함께 찾아가는 과정이야말로 평생 학습의 시작입니다. 자발적 학습은 단순히 지금의 성과를 넘어, 미래를 위한 준비입니다. 오늘 자녀가 스스로 질문하고 자신의 방식으로 답을 찾는 연습을 한다면 그들은 더 큰 세상에서 자신의 가능성을 발견하고 확장할 것입니다.

"평생 공부하는 힘, 그것이 자발적 학습의 진정한 가치입니다."

2 스스로 답을 찾는 과정이
진짜 공부다

저는 학생들에게 종종 이런 질문을 해봅니다. "왜 공부해야 할까?" 그런데 이 질문에 대해 진지하고 제대로 된 대답을 하는 학생은 매우 드뭅니다. "좋은 대학에 가기 위해서"라거나 "부모님이 하라고 해서"와 같은 피상적인 답변에 그치는 경우가 많습니다. 이런 대답 뒤에는 아이들이 학습의 본질적인 이유를 찾거나 탐구할 기회가 부족했던 현실이 있습니다.

이처럼 학생들이 공부를 '해야만 하는 일'로 받아들일 때, 진정한 학습의 의미는 사라지고, 그저 과제가 되어버립니다.

학습은 단순히 문제를 풀고 정답과 맞추는 과정이 아닙니다. 진정한 학습은 학생들이 스스로 질문을 던지고 그 답을 찾는 과정에서 이루어집니다. 마라톤 훈련을 떠올려보세요. 처음에는 짧은 거리조차 힘들지만 반복적이고 점진적인 연습을 통해 자신의 페이스를 찾고 점점 더 긴 거리를 달릴 힘을 기릅니다. 학습도 마찬가지입니다. 처음에는 단순한 질문과 목표로 시작하지만 반복을 통해 학생들은 점차 더 깊고 복합적인 사고를 할 수 있게 됩니다.

중학교 2학년 도훈(가명)이는 과학 수업 시간에 처음으로 스스로 질문을 던졌습니다. 단순히 '이 실험 결과가 왜 이렇게 나왔을까?'에서 시작한 질문은 점차 '다른 조건에서 이 실험을 하면 결과는 어떻게 변할까?'라는 깊이 있는 질문으로 발전했습니다. 이 질문을 통해 도훈이는 교과서를 더 자주 읽고, 학습서에 나와 있는 데이터를 분석하며 결과를 자기만의 언어로 정리하기 시작했습니다. 이를 통해 도훈이는 단순히 시험 점수를 위한 학습을 넘어서 지식을 탐구하고 확장하는 배움의 즐거움을 느끼게 되었습니다.

도훈이는 자신이 던진 질문에 답하는 과정에서 "내가 무엇을 모르고 무엇을 알아야 하는지"에 대해 더 명확히 알게 되었다고 말합니다. 이 경험은 단순히 학습의 성과를 넘어 자신감을 느끼게 하고, 문제를 해결하는 능력을 키우는 데 큰 역할을 했습니다.

학생들이 스스로 질문을 던지고 답을 찾는 과정에서 얻는 것은 단순한 지식이 아닙니다. 그들은 자신이 무엇을 모르는지, 그리고 그걸 어떻게 해결할 수 있는지에 대해 생각하는 힘을 기릅니다. 이 과정에서 배움은 단순한 의무가 아니라, 아이들 스스로가 찾아가는 과정이 됩니다.

많은 부모님이 자녀가 스스로 답을 찾는 과정을 기다리는 데 어려움을 느낄 수 있습니다. '아이들이 알아서 하겠어?'라는 불안감은 누구나 가질 수 있지만, 아이들은 자신만의 속도로 성장합니다. 처음에는 느리고 답답하게 느껴질 수 있지만 그 과정이 반복되면 아이들은 점차 자신의 가능성을 발견하게 됩니다. 부모님의 역할은 기다림과 신뢰입니다. 자녀가 작은 질문이라도 던질 수 있도록 격려해주고 그 질문에 대한 답을 찾을 때까지 지지해주는 것이 중요합니다.

──────○ 아이의 속도를 믿고 기다려주세요

교육학자 존 해티John Hattie는 "학생들이 스스로 학습 과정을 점검하고, 자신만의 방식으로 접근할 때 학습 효과는 극대화된다"

라고 말했습니다. 이는 메타인지적 접근을 통해 아이들이 스스로 질문을 던지고 답을 찾아가는 과정이 학습의 본질적 변화를 만들어낼 수 있음을 보여줍니다. 자녀가 스스로 문제를 정의하고 그 해결책을 찾아나갈 때, 그들은 진정한 자기주도적 학습을 경험하게 됩니다.

이 과정에서 중요한 것은 '왜?'라는 질문을 던지고 그에 대해 스스로 답을 찾으려는 노력을 기울이는 것입니다. 실패를 경험하고 다시 도전하는 과정에서 학생들은 '나는 이겨낼 수 있다'는 자기 효능감을 얻게 됩니다. 이 과정을 통해 학생들은 더 큰 도전에 나설 수 있는 힘을 기르게 되고 결과적으로 더 넓은 세계로 나아갈 수 있는 동기부여를 얻게 됩니다.

학생들이 스스로 질문하고 답을 찾는 과정은 단순히 시험 점수를 위한 공부를 넘어서 삶을 대하는 태도와 사고방식을 변화시키는 힘을 가지고 있습니다. 이 과정에서 배움은 더 이상 의무가 아닌 즐거움이 되며, 학생들은 자신의 가능성을 발견하고 확장해나가게 됩니다.

진정한 공부는 지식의 축적이 아니라 스스로 답을 찾는 과정에서 이루어집니다. 학생들이 지금 던지는 작은 질문이 지금 당장은 아무 쓸모없어 보일 수도 있습니다. 그러나 시간이 지나면 그 질문들이 점차 자신의 학습으로 이어지고 그 과정에서 학생들은 더 큰 세상으로 나아갈 준비를 하게 될 것입니다. 그 순환은 선순환이 될 것이며, 그 경험은 학생들의 미래를 만들어나갈 가장 큰 자산이 될 것입니다.

3   미래를 계획하는 힘은
공부 습관으로 결정된다

많은 부모님이 학습 습관이나 계획의 중요성에 대해 의문을 제기합니다. "아이들이 계획을 세우는 것보다 그냥 주어진 숙제를 잘 끝내는 게 더 실용적이지 않나요?" 이렇게 생각할 수도 있습니다. 하지만 장기적으로 보면, 학생들이 갖추어야 할 중요한 능력은 단순히 성적을 올리는 것 이상의 가치가 있습니다. 그것은 바로 스스로 미래를 설계하고, 문제를 해결하며, 창의적 사고를 바탕으로 도전을 극복하는 능력입니다. 이러한 능력을 기르는 첫걸음은 바로 학습 습관에서 시작됩니다.

　고등학교 1학년 하빈(가명)이는 매일 아침 계획표를 작성하지만 계획대로 실천하는 일은 드물었습니다. "계획 세우는 게 무슨 소용이에요? 매번 흐트러져서 제대로 못 지키는데요." 하빈이는 계획을 세우는 것만으로도 자신에게 부담이 되었다고 말했습니다. 이에 따라 학습 코칭을 통해 하빈이는 유연한 계획을 세우는 법을 배웠습니다. 시간 단위로 촘촘히 계획을 짜다 보면 약간의 오차가 생겼을 때 나머지 계획까지 무너지는 결과를 초래할 수 있습니다. 그래서 하빈이는 계획에 여유를 두고 학습 시간 사이에 짧은 휴식을 포함해 실천할 수 있도록 계획을 수정했습니다. 그 덕분에 계획을 지키는 부담을 덜고 점차 목표를 실천할 수 있게 되었습니다.

　하빈이는 또 다른 중요한 변화를 경험했습니다. 그녀는 '수학 문제 1장 풀기'라는 목표를 세우고 이를 달성한 후 점차 자신감을 쌓아갔습니다. 처음에는 계획을 완벽하게 지키지 못한다고 느꼈지만, 작은 성공을 경험하면서 그 의미를 조금씩 깨닫게 되었습니다. 매일 70퍼센트만 실천해도 괜찮다는 점을 인정하면서 하빈이는 점차 실패를 두려워하지 않고 부족한 부분을 보완하는 법을 배웠습니다. 이렇게 하빈이는 점차 학습 계획이 단순히 성과를 위한 도구가 아니라 스스로 문제를 해결하고 성장하는 과정임을 깨닫게 되었습니다.

"지금 당장의 성과보다 더 중요한 것은 학생들이 스스로 미래를 설계하는 방법을 배우는 것입니다." 교육학자 피터 그로스 Peter Goss 는 학습 계획의 중요성을 강조하며 지속 가능한 학습 습관을 통해 학생들이 문제 해결력과 창의적 사고력을 기른다고 말합니다. 학습 계획은 단순히 점수를 위한 도구가 아니라, 학생들이 문제를 해결하고 더 나아가 창의적인 사고를 확립하는 기초가 됩니다.

당장은 성과가 눈에 띄지 않을 수 있지만 아이들이 자신만의 학습 방법을 찾아가는 과정은 매우 중요합니다. 목표를 세우고 그것을 실천하는 경험을 통해 학생들은 새로운 도전에 대해 자신감을 가질 수 있게 됩니다. 학생들이 경험하는 작은 성공들은 그들의 사고방식과 태도를 변화시키고 더 큰 도전에 나설 수 있는 힘을 만들어냅니다.

───○ 실패해도 괜찮아

학생들이 스스로 계획을 세우고 그것을 실천하는 경험은 단순히 성적을 높이는 방법을 배우는 것이 아닙니다. 그들은 문제를 해결하는 과정에서 창의적인 사고를 기르고 실패를 두려워하지 않으며 점차 자신감을 쌓습니다. "처음엔 느릴지 몰라요. 하지만 경험과 훈련이 쌓이면 속도는 점점 빨라집니다." 이 말처럼, 학습은 단지 습관을 만드는 과정일 뿐만 아니라 학생들이 자신의 삶을 주도적으로 설계하는 중요한 여정입니다.

학생들이 경험하는 작은 성공들이 점차 쌓이면서 그들은 자신만의 방식을 발견하고 결국 큰 성취를 이루게 됩니다. 이 과정을 통해 학생들은 자신을 믿고 더 큰 도전에 나설 수 있는 힘을 기르게 됩니다. 그들이 설정한 계획과 목표를 실천하는 과정에서 배운 것은 학습 그 자체를 넘어서 미래를 설계하는 데 필요한 능력임을 깨닫게 됩니다.

오늘 자녀가 어떤 계획을 세웠는지, 그리고 그 계획이 그들의 미래를 어떻게 변화시킬 수 있을지 함께 생각해보세요. 계획을 통해 자녀는 단지 성적을 넘어서 스스로 미래를 설계할 수 있는 능력을 기르고 있습니다. 이 여정에서 가장 중요한 것은 자녀가 자신만의 방식으로 목표를 세우고, 그 목표를 향해 나아갈 때 얻는 경험이 그들의 내일을 어떻게 변화시킬지를 믿는 것입니다.

자녀가 오늘 세운 계획이 내일 큰 성과로 이어지지 않더라도, 그 노력은 결국 자녀를 미래로 이끄는 중요한 발판이 됩니다. 미래는 자녀들이 오늘 경험한 작은 계획들을 통해 하나씩 만들어져가고 있다는 점을 기억하세요. 이 과정이 자녀에게 가장 중요한 자산이 될 것입니다.

4 자율적인 학생은
창의성도 함께 자란다

　많은 부모님이 '어떻게 하면 창의적인 아이로 키울 수 있을까?' 하고 고민을 합니다. 그런데 사실 '창의성'은 특별한 재능이나 천부적인 능력이 아닙니다. 창의성은 스스로 생각하고 행동하며 경험을 통해 자라나는 자연스러운 과정입니다. 그 과정에서 자녀에게 자율성을 허락하고, 새로운 시도를 격려하며, 실패를 학습의 일부로 받아들이는 환경이 제공된다면 창의성은 저절로 자라납니다.

　고등학교 2학년인 윤서(가명)는 선생님이 주는 문제와 정답에만 의존하던 학생이었습니다. 문제를 푸는 데는 익숙했지만 스스로 질문을 던지거나 다른 관점에서 문제를 바라보는 데는 익숙하지 않았습니다. 그런데 학교에서 진행된 프로젝트 과제에서 "우리 동네 쓰레기 문제를 해결하라"는 주제를 받게 되면서 윤서는 처음으로 자신의 아이디어를 만들어내야 했습니다.

　처음에는 막막하고 두려운 마음이 들었지만, 문제를 관찰하며 스스로 질문을 던지기 시작했습니다. 다양한 자료를 찾아보며 해결책을 고민하고, 다른 도시들의 성공 사례를 분석하기도 했습니다. 점차 윤서가 문제를 해결하는 과정에서 창의력이 발휘되기 시작했습니다. 창의성은 문제를 발견하고 해결하는 과정에서 자연스럽게 길러진다는 점을 보여주는 좋은 사례입니다.

　창의성의 핵심은 정답을 찾는 것이 아니라, 문제를 발견하고 질문을 던지는 데 있습니다. 윤서가 "우리 동네 쓰레기 문제를 어떻게 해결할까?"라는 질문을 던졌을 때, 그 질문은 단순히 쓰레기를 줄이는 방법을 암기하는 것이 아니라, 자신만의 관점에서 문제를 분석하고 해결책을 찾는 과정의 시작이었습니다.

　부모님은 자녀가 스스로 답을 찾도록 돕는 환경을 만들어야 합니다. '왜 이런 일이 일어났을까?'라는 질문을 던지며 자녀와 함께 문제를 탐구하고, 답을 찾기 위한 과정을 존중해주세요. 정답을 주는 것보다 자녀가 스스로 결론을 내리는 경험이 더 큰 학습이 됩니다.

하지만 창의적인 시도는 실패를 전제로 합니다. 현실적으로 많은 부모님들은 자녀의 실패에 민감하게 반응하지만, 실패는 창의성을 키우는 필수적인 요소입니다. 윤서도 처음에 제시한 해결책이 비현실적이라는 피드백을 받았지만, 다시 수정해나가는 과정을 통해 더 나은 해결책을 제시할 수 있었습니다. 실패를 통해 배운 것을 바탕으로 더 큰 도전을 할 수 있는 용기를 얻게 되는 것입니다.

───○ 자녀가 창의성을 기르도록 부모님이 도와주세요

자녀의 창의성을 키우기 위해 부모님은 무엇을 하지 않을 것인가를 고민해야 합니다.

첫째, 정답을 알려주지 마세요. "네 생각은 어때?"라는 질문을 던져 자녀가 스스로 답을 찾을 수 있도록 도와주세요.

둘째, 실패를 허용하세요. 실패를 통해 배우고 성장하는 과정이 필요합니다.

셋째, 작은 성공이라도 격려와 칭찬을 아끼지 마세요. 창의성은 한 번의 큰 발상으로 완성되지 않습니다. 작은 시도와 성취를 격려하며 자녀가 자신감을 느끼게 도와주세요.

창의적 사고가 발달하는 과정에서 뇌의 신경가소성이 중요한 역할을 합니다. 뇌는 스스로 문제를 해결하거나 아이디어를 탐구하는 과정에서 더 강력한 신경 연결을 형성합니다. "스스로 학습하는 학생은 더 많은 시냅스를 활성화하며, 기존의 지식을 새롭게 연결해 창의성을 발휘합니다."

자발성은 단순히 혼자 공부하는 능력을 키우는 것이 아닙니다. 그것은 자녀가 세상을 바라보는 방식과 사고의 틀을 바꾸는 과정입니다. 창의성은 특별한 재능이 아니라 스스로 답을 찾는 과정에서 자연스럽게 발달하는 능력입니다.

오늘 자녀에게 문제를 스스로 해결할 기회를 주세요. 작은 질문에서 시작된 창의력은 자녀의 미래를 여는 열쇠가 될 것입니다. 이 과정에서 자녀가 세상을 바라보는 시각이 확장되고, 문제 해결 능력도 키워질 것입니다.

5 자율성과 책임감
두 마리 토끼를 잡는 힘

최근 대한민국 교육계에서 자주 언급되는 키워드는 '자기주도 학습'과 '책임감'입니다. 인공지능AI의 급격한 발전은 단순히 지식을 외우고 시험 점수를 올리는 방식으로는 더 이상 미래를 준비할 수 없음을 명확히 보여주고 있습니다. 이제는 학생들이 스스로 공부하고 자신의 학습을 책임질 수 있는 능력을 갖추는 것이 필수적이라는 공감대가 형성되고 있습니다. 그러나 현실은 그리 간단하지 않습니다. 스스로 공부하는 힘은 단순히 개인의 노력만으로 완성되지 않습니다. 이 힘을 갖추기 위해서는 자율성과 책임감이라는 두 가지 역량이 균형 있게 성장해야 합니다.

특히 자기주도 학습은 이 두 가지를 동시에 발달시키는 가장 효과적인 학습 방식이며, 학생들이 입시를 넘어 미래를 준비하는 핵심 도구가 됩니다.

─────◦ 미래 세대에게 꼭 필요한 자율성과 책임감

자율성은 학생들이 자신의 학습 목표를 설정하고 이를 이루기 위해 계획하고 행동하는 힘을 의미합니다. 더 이상 강요로는 학습의 효과를 기대할 수 없습니다. 스스로 선택한 목표는 외부에서 주어진 것보다 훨씬 강력한 동기를 제공합니다. 예를 들어, 한 학생이 영어 성적을 올리기 위해 자신만의 방법으로 학습 계획을 세우고 매일 단어를 암기하거나 독서를 꾸준히 실천한다고 가정해봅시다. 이 과정에서 학생은 자신의 목표에 대해 주도권을 갖게 되며, 스스로 학습의 중요성과 효과를 체감하게 됩니다. 반면 누군가의 지시에만 의존하는 학습은 외부의 압력이 사라지는 순간 지속 가능성을 잃게 됩니다.

책임감은 자율성과 밀접하게 연결된 또 다른 중요한 역량입니다. 책임감은 단순히 의무를 다하는 것을 넘어 자신의 선택과 행동에 대해 결과를 받아들이고 개선하려는 태도를 포함합니다. 학습 과정에서 실패를 경험하는 것은 책임감을 키우는 데 있어서 특히 중요한 부분입니다. 최근 화제가 된 한 고등학생 사례를 보면, 그는 여러 번의 실패를 경험하며 자신의 약점을 분석하고 이를 극복하는 과정을 통해 원하는 목표를 이루었습니다. 실패를 두려워하지 않고 이를 성장의 기회로 삼는 태도는 결국 학생이 더 큰 도전으로 나아갈 수 있는 자신감을 키워줍니다. 이러한 태도는 학업뿐 아니라 이후의 사회생활에서도 중요한 자산이 됩니다.

스스로 공부하는 힘은 입시 환경에서도 큰 장점으로 작용합니다. 대한민국의 치열한 입시 경쟁 속에서 많은 학생들은 방대한 학습량과 스트레스에 시달립니다. 하지만 스스로 공부하는 학생은 이러한 압박 속에서도 자신만의 학습 방법과 목표를 설정하며 꾸준히 성과를 냅니다. 자신에게 맞는 학습 방법을 발견하고 실행하는 과정에서 학생은 효율적인 결과를 얻을 뿐 아니라, 자신의 학습에 대한 주체성을 확립합니다. 이는 단순히 학업 성취로 끝나는 것이 아니라, 미래를 설계하는 데 있어 중요한 기반이 됩니다.

─────○ 책임감을 가진 학생

책임감은 특히 실패에서 더 크게 발달합니다. 실패는 학생들이 자신의 약점을 돌아보고 이를 보완하기 위한 계획을 세우는 기회가 됩니다. 성공보다 실패를 통해 더 많은 것을 배울 수 있다는 점에서 책임감은 학습의 필수적인 요소입니다. 예를 들어, 한 학생이 시험공부 계획을 세웠지만 기대한 점수를 얻지 못했다면 이 경험은 다음에 더 나은 계획을 세우고 이를 실행하도록 돕는 자극이 됩니다. 결과적으로 책임감을 가진 학생은 실패를 두려워하지 않고 이를 성장의 계기로 삼을 수 있는 강점을 가지게 됩니다.

이 모든 과정을 통해 자율성과 책임감은 서로를 강화합니다. 자율성은 책임감을 통해 더욱 견고해지고, 책임감은 자율적인 선택과 경험을 통해 더 성숙해집니다. 스스로 학습하는 학생은 단순히 공부를 잘하는 것을 넘어 자기 삶의 방향을 주도적으로 설정하고 실행할 수 있는 능력을 키워갑니다.

오늘날 AI 기술과 같은 사회적 변화는 단순한 지식 습득의 시대를 지나 문제를 스스로 정의하고 해결할 수 있는 역량을 가진 사람들에게 더 큰 가치를 부여합니다. 스스로 공부하는 힘은 학생들이 입시를 넘어 변화하는 미래에 대응할 수 있는 핵심적인 기술입니다. 이는 단순히 성적을 올리기 위한 방법이 아니라 자율성과 책임감이라는 두 가지 중요한 역량을 키우는 과정이며, 학생들이 자신의 미래를 설계하는 가장 강력한 도구가 됩니다.

스스로 학습할 수 있는 환경과 기회를 제공하는 것은 단순히 학습 결과를 개선하는 것을 넘어, 학생들이 자율성과 책임감을 통해 더 큰 가능성을 발견하고 성장할 수 있는 토대를 마련하는 일입니다. 결국, 스스로 공부하는 힘은 지식을 쌓는 것을 넘어 삶의 주도권을 갖고 더 나은 미래를 설계하는 데 필요한 가장 중요한 열쇠입니다.

6

자발적 학습의 가장 큰 성과는 자신감

중고등학교 시절은 누구에게나 도전과 성장의 연속입니다. 학습량이 많아지고 입시라는 현실적인 목표가 점점 더 가까워지면서 자신의 한계를 느끼는 순간이 많아집니다. 이 시기에 가장 중요한 것이 무엇일까요? 바로 자신감입니다. 자신감은 단순히 긍정적인 마음가짐이 아니라, 실패와 시련 속에서도 앞으로 나아가게 만드는 내적 동력입니다. 특히 스스로 공부하는 과정을 통해 자신감은 점점 단단해질 수 있습니다.

자신감은 타고나는 것이 아닙니다. 그것은 구체적인 경험과 환경 속에서 형성됩니다. 특히 중고등학생들에게는 자신감을 키울 수 있는 실질적인 학습 경험이 필수적입니다. 단순히 "넌 잘할 수 있어!"라는 말만으로는 자신감을 심어줄 수 없습니다. 스스로 목표를 설정하고 이를 이루기 위해 노력하며 그 과정에서 작은 성취를 쌓는 반복이 필요합니다. 또한 실패를 경험하고, 이를 극복하는 과정 역시 자신감을 키우는 중요한 계기가 됩니다. 스스로 공부하는 아이의 자신감은 어디에서 올까요? 그것은 두 가지 중요한 요소에서 비롯됩니다. 하나는 목표를 이루는 과정에서 오는 성취감이고, 다른 하나는 실패를 극복하며 얻는 회복력입니다.

────○ 성취감의 중요성

스스로 공부하는 학생들은 외부의 지시에 따라 움직이는 학생들과 다릅니다. 그들은 자신만의 목표를 세우고 이를 이루기 위해 방법을 찾아 실행하며 성취를 경험합니다. 이 과정에서 느끼는 성취감은 단순히 점수나 결과에서 끝나지 않습니다. 그것은 자신이 해낼 수 있다는 가능성에 대한 확신으로 이어집니다. 예를 들어, 한 학생이 수학 경시대회에 도전하기로 결심했다고 가정해 봅시다. 그는 대회를 준비하기 위해 스스로 학습 계획을 세우고 문제를 풀며 반복적으로 어려운 개념을 익혀갑니다. 결국 대회에서 원하는 결과를 얻었다면 이 경험은 단순히 수학 실력 향상으로 끝나지 않습니다. "나는 스스로 목표를 세우고 이를 이루어낼 수 있다"는 자신감이 생기며, 이 내적 확신은 이후 더 큰 도전에도 흔들리지 않는 기반이 됩니다.

중요한 점은 이러한 과정이 꼭 대단한 성과를 통해서만 이루어지는 것이 아니라는 점입니다. 작고 사소한 목표라도 꾸준히 이루어나가는 경험이 반복될 때 학생은 자신감을 차곡차곡 쌓아갑니다. 예를 들어, 일주일 동안 매일 단어 20개를 외우기로 하고, 이를 지켜내는 경험만으로도 자신감은 충분히 자라날 수 있습니다. 중요한 것은 학생 스스로가 목표를 설정하고 그 과정에서 성취를 느끼는 것입니다.

그렇다면 자신감이 성공에서만 오는 것일까요? 그렇지 않습니다. 진정으로 단단한 자신감은 실패와 실수를 극복하는 과정에서 형성됩니다. 실패를 통해 얻는 교훈과 이를 극복하며 얻는 경험은 "나는 어떤 상황에서도 다시 시작할 수 있다"는 믿음을 만들어줍니다. 스스로 공부하는 학생들은 실패의 순간에도 좌절하지 않고 "왜 이런 결과가 나왔을까?"를 고민하며 자신의 약점을 분석하고 다음에는 더 나은 선택을 하기 위해 방법을 수정합니다. 이런 실패와 극복의 반복은 단순히 공부의 기술을 넘어, 삶을 대하는 태도를 형성합니다.

고등학교 3학년 지은(가명)이는 최근 자신의 입시 경험을 이야기하며 "실패가 나를 강하게 만들었다"고 말했습니다. 그는 첫 모의고사에서 기대 이하의 성적을 받았지만, 그 원인을 분석하고 자신의 공부 방법을 수정하며 결국 목표한 대학에 합격했습니다. 이 과정에서 얻은 것은 단순히 성적 향상이 아니라, "내가 다시 해낼 수 있다"는 자신감과 회복력입니다. 실패를 학습의 일부로 받아들이고 이를 발전의 도구로 삼는 태도는 이후의 삶에서도 중요한 자산으로 작용합니다.

스스로 공부하는 힘은 입시뿐만 아니라 삶 전반에서 자신감을 키우는 데 중요한 역할을 합니다. 스스로 목표를 설정하고 이를 이루는 경험은 학생의 내적 동기를 자극하며 실패를 극복하는 회복력은 새로운 도전 앞에서 두려움을 줄여줍니다. 이 자신감은 학습을 넘어 학생의 태도와 행동 전반에 긍정적인 영향을 미칩니다. 자신감을 가진 학생은 관계를 맺는 방식, 목표를 세우는 태도, 도전 앞에서의 자세까지도 더욱더 능동적이고 긍정적으로 바뀝니다.

예를 들어, 한 학생이 대학 진학 이후 연구 프로젝트에 참여한다고 가정해봅시다. 이 학생이 중고등학교 시절 스스로 공부하며 얻은 자신감이 있다면 그는 프로젝트에서 주도적으로 자신의 역할을 찾고, 문제를 해결하며, 새로운 아이디어를 제안할 수 있습니다. 반대로 자신감이 부족하다면 그는 소극적으로만 참여하거나 어려운 순간마다 주저하게 될 가능성이 큽니다. 스스로 공부하며 형성된 자신감은 단순히 학습의 도구가 아니라 더 나아가 삶의 태도를 결정짓는 중요한 요소입니다.

결국, 스스로 공부하는 과정은 자율성과 책임감을 키우는 것을 넘어 자신감을 단단하게 만들어줍니다. 목표를 이루는 성취감과 실패를 극복하는 회복력을 통해 형성된 자신감은 학생의 학습을 넘어 더 넓은 삶에서 빛을 발하게 됩니다. 자신감은 단순히 낙관적인 태도가 아니라, 스스로 해낼 수 있다는 확신에서 비롯됩니다.

오늘도 학생들이 스스로 학습할 기회를 통해 작은 성취와 실패를 경험하며 자신감을 키워가길 바랍니다. 이 자신감은 그들이 앞으로 맞이할 모든 도전의 가장 강력한 밑거름이 될 것입니다.

7. 스스로 공부하는 아이가 미래를 설계한다

중고등학생 부모님들이 많이 걱정하는 것 중 하나는 자녀의 미래입니다. 입시라는 거대한 목표 앞에서 자녀가 어떤 방향으로 나아가야 할지, 무엇을 준비해야 할지 불안해하는 부모님들이 많습니다. 특히 요즘처럼 기술과 직업의 변화가 빠르게 이루어지는 시대에는 학업뿐만 아니라 진로에 대한 고민도 깊어질 수밖에 없습니다. 부모님들은 자녀가 성적뿐만 아니라 진로와 미래에 대한 확신을 가질 수 있기를 바랍니다. 그런데 현실은 학생들이 "이걸 왜 공부해야 하는지 모르겠어요"라고 하거나, 부모의 조언을 부담스럽게 느끼며 방황하는 경우가 많습니

다. 이런 상황에서 스스로 공부하는 힘을 가진 학생들은 부모의
걱정을 덜어줄 수 있습니다.

───○ 스스로 삶을 개척하는 아이로 키워라

스스로 공부하는 학생들은 단순히 학습의 주도권을 가지는 것
을 넘어 자신의 삶을 설계하는 준비를 해나갑니다. 중고등학생
시기는 지식을 쌓는 것만으로 끝나는 시기가 아닙니다. 이 시기
에는 "내가 왜 공부를 해야 하지?" "내가 잘하고 좋아하는 건 무
엇일까?" "내가 이루고 싶은 목표는 무엇인가?" 같은 질문들을
스스로 던지고 답을 찾아가는 경험이 필요합니다. 이러한 질문
들은 학생들이 자신의 방향성을 찾고 목표를 설정하며, 이를 이
루기 위한 방법을 고민하게 만듭니다.

하지만 현실적으로 학생들이 스스로 미래를 설계하기는 쉽지
않습니다. 대한민국의 교육 환경에서는 학생들이 방대한 학습량
과 치열한 경쟁 속에서 자신의 목표와 방향을 명확히 하기가 어
렵습니다. 부모와 선생님은 점수를 중심으로 조언하는 경우가
많아 학생들은 종종 자신만의 목표를 찾기보다는 부모나 학교가
원하는 길을 따르는 데 그칩니다. 그러나 스스로 공부하는 힘을
가진 학생들은 다릅니다. 그들은 외부의 압력에 휘둘리지 않고

자신의 학습을 스스로 이끌어가며, 그 과정에서 자신만의 목표와 꿈을 명확히 만들어갑니다.

예를 들어, 입시 준비 과정에서 자신이 무엇을 원하는지 모르는 학생과 스스로 공부하며 목표를 설정한 학생의 결과는 크게 다릅니다. 자신의 진로와 흥미를 고민하지 않고 주변의 조언에만 의존한 학생은 입시가 끝난 후 방향성을 잃기 쉽습니다. 반면, 스스로 공부하며 '나는 어떤 분야에서 가치를 만들고 싶은가?'를 고민한 학생은 입시 이후에도 자신만의 목표를 가지고 꾸준히 나아갑니다. 이 학생들은 입시뿐만 아니라, 직업 선택, 사회생활 등에서도 자신만의 길을 설계하는 데 중요한 기반을 다지게 됩니다.

스스로 공부하는 학생들은 학습 과정에서 자신의 흥미와 강점을 발견합니다. 예를 들어, 한 학생이 수학 문제를 풀며 창의적인 사고의 재미를 느꼈다면 이는 단순히 성적 향상을 넘어 '나는 논리적 사고와 분석을 좋아한다'는 자신의 특징을 발견하는 계기가 됩니다. 이러한 작은 경험들이 쌓이면 학생은 자연스럽게 자신의 미래에 대해 고민하고, 목표를 설정하며 진로를 구체화할 수 있습니다. 이러한 과정에서 부모의 역할은 학생이 자신의 진로를 찾는 데 필요한 경험을 제공하고, 목표 설정을 격려하는 것입니다.

많은 부모님이 자녀에게 "너의 꿈은 무엇이니?"라고 묻습니다. 그러나 '꿈'을 묻는 것만으로는 해결되지 않습니다. 중요한 것은 자녀가 다양한 경험을 통해 자신의 관심사를 발견하고 이를 학습과 연결하며, 스스로 목표를 설정할 수 있도록 돕는 것입니다. 예를 들어, 학생이 특정 과목에 흥미를 보인다면 관련된 자료를 찾아보게 하거나, 경험할 기회를 제공하며 그 과정에서 격려를 아끼지 않아야 합니다.

────○ 자신이 무엇을 해야 하는지 아는 사람

　부모님들이 자주 하는 걱정 중 하나는 "아이에게 자율성을 줬더니 공부를 안 해요"라는 것입니다. 하지만 자율성을 주는 것은 방임이 아닙니다. 자율성을 주되 목표를 설정하고 이를 실현할 수 있도록 도와주는 체계적인 지원이 필요합니다. 학생이 일주일 동안 스스로 계획한 공부량을 달성했다면 그 노력을 인정하고, "이번 주에 이룬 목표는 무엇이었고, 다음에는 어떻게 더 잘할 수 있을까?"라고 대화하는 것이 중요합니다. 자율성과 책임감을 함께 키울 수 있도록 돕는 것이 부모의 역할입니다.
　스스로 공부하는 힘은 단순히 학업 성취를 넘어, 아이들이 변화하는 사회에서 자신의 자리를 찾는 데 필요한 핵심적인 역량을 제공합니다. AI와 기술 발전으로 인해 많은 직업이 사라지고 새로운 직업이 생겨나는 시대에 스스로 공부하는 힘은 불확실한 미래 속에서도 자신만의 길을 개척할 수 있는 도구가 됩니다. 성적표의 숫자만으로는 측정할 수 없는 이 힘은, 세상이 변해도 자신의 강점과 목표를 바탕으로 새로운 길을 설계하는 능력을 키워줍니다.

스스로 공부하는 아이는 더 이상 누군가가 만들어준 길을 걷는 사람이 아닙니다. 그들은 자신의 삶을 설계하는 주체입니다. 오늘날의 학부모들이 자녀의 학습에서 가장 바라는 것은 입시 이후에도 흔들리지 않고 자신의 길을 찾아가는 힘일 것입니다. 스스로 공부하는 힘은 바로 그 바람을 현실로 만들어줍니다.

미래를 설계하는 것은 단순히 대학 진학이나 직업 선택의 문제가 아닙니다. 그것은 자신이 누구인지, 무엇을 잘하고 좋아하는지 탐구하는 과정이며, 이를 통해 자신만의 길을 찾아가는 것입니다. 이 과정은 단순하지 않으며 시간이 걸리지만, 스스로 공부하는 힘을 통해 학생은 점차 그 방향을 잡아갑니다.

"스스로 공부하는 아이는 자신의 미래를 설계하는 가장 강력한 힘을 가진 아이입니다."

오늘부터 자녀가 스스로 목표를 설정하고 이를 이루기 위한 작은 경험을 쌓을 수 있도록 격려해 보세요. 이 과정에서 얻는 자율성과 책임감은 입시를 넘어 더 큰 세상에서 자신만의 길을 만들어가는 가장 강력한 도구가 될 것입니다.

자발적 공부법 코칭 전략

1판 1쇄 찍음   2025년 3월 11일
1판 1쇄 펴냄   2025년 3월 18일

지은이   김소연
펴낸이   조윤규
편집   민기범
디자인   홍민지

펴낸곳   (주)프롬북스
등록   제313-2007-000021호
주소   (07788) 서울특별시 강서구 마곡중앙로 161-17 보타닉파크타워1 612호
전화   영업부 02-3661-7283 / 기획편집부 02-3661-7284 | 팩스 02-3661-7285
이메일   frombooks7@naver.com

ISBN   979-11-94550-03-7 (03370)